これがほんまもんの経営者
―１５の習慣、これで会社は強くなる―

目 次

はじめに／11

序文　決算書は経営者の通信簿／16
　(1) 大企業の決算を見る／16
　(2) 資産は表の顔、調達は裏の顔／18
　(3) 中小企業は少ない資本力で勝負する／22

－　１５の習慣、これで会社は強くなる　－

01 第１の習慣：温故知新（自社の歴史・文化を振り返る）／27
　(1) 決算書は並べて見る／28
　　　column　債務償還年数と債務超過解消年数／35
　(2) 運が良いということ／36
　　　column　老舗企業の社訓の例／38
　(3) 社長室が資料だらけ／38
　(4) 細部まで見ること（ヨコ読みの力）／40
　(5) 現状把握とＳＷＯＴ分析の重要性／42
　(6) 早起きは経営者の心得／46

02 第２の習慣：調子に乗らないこと／49
　(1) 資金繰りが基本／50
　　　column　資金を生み出す対策／51
　(2) 意味のあるお金を借りる／53
　(3) 自社の指標・物差し／55
　(4) 成功する社長と失敗する社長／57
　　　column　判断と根拠／59
　(5) 工程飛ばし／59
　(6) 月商の３か月分／60

03 第３の習慣：経営理念を磨き経営計画を立てる／63
　(1) 会社が向かうべき方向性を明確にする／64
　(2) ビジネスモデル俯瞰図／66
　(3) 売上計画と粗利計画／69

⑷ プラチナ賞／70
　column　経営品質向上に取り組むための視点／71
⑸ 経営発展はパーソナルブランドの発揮から／72
　column　取引基本約定書の話／73
⑹ M＆A（会社の合併と買収）と経営者の想い／73

04　第4の習慣：誰よりも脳みそに汗をかいて働く／77
⑴ 捨身飼虎／78
⑵ 経営者の器（経営はボランティアではない）／80
⑶ あきらめるな、他人を動かす／82
　column　自らを励ます言葉／84
⑷ 社長は親になれ、父親の背中と母親の膝／84
⑸ アイデア1000本ノック／86
⑹ 指揮官先頭／87
　column　経営者に必要な能力／88

05　第5の習慣：ゴールの前にいる（主役になる）／89
⑴ 経営者の直観力／90
⑵ 群れない経営／91
⑶ ロの字型の会議（ミス撲滅と闘魂注入）／92
　column　某社の部下育成の基本方針7か条／94
⑷ 利益を出す会社の先行管理／94
⑸ 利益にこだわる（明確な指針を持つ）／96
　column　中小企業における必要利益の考え方（3つの観点）／97
⑹ 管理会計を活用する／98

06　第6の習慣：志を持ち、活きたお金を使う／101
⑴ 同じように売っても違いが出る／102
　column　売上は基本傾向線で見る／103
⑵ 労務管理／103
⑶ 製造現場は宝の山／105
　column　問題の解決方法／106
⑷ 5S活動／107

(5) 適正価格で見積もる／108
(6) 補助金を活用する／109

07 第7の習慣：卵を盛る器（自分の器以上には会社は大きくならない）／113
(1) 何度も死にかけた経営者／114
(2) ベンチマークを持つこと／115
(3) 経営者の人心掌握術／116
  column　部下にさせてはいけない仕事／117
(4) 儲けている会社とだけ取引する／118
(5) 踏んばる力／119
(6) 金を追うな、仕事を追え／120

08 第8の習慣：財務を磨き込む（決断を支える財務の力）／123
(1) 美しいバランスシート／124
(2) 財務力を磨くこと／126
  column　財務の実態調べの手法／128
(3) 良好なバランスシート（税理士目線と金融機関目線）／132
(4) 在庫のチェック／133
(5) 会社を買うこと、分割すること／134
(6) キャッシュフロー（資金の流れ）／135
(7) 設備投資で成功する経営者／136
(8) 事例：財務を磨き込んでいる会社／138

09 第9の習慣：人の心に貯金を作る／145
(1) 普段着の会話力／146
  column　社員とのコミュニケーション／147
(2) 経営者のための失敗学（失敗の原因と粉飾）／147
  column　粉飾の手口（例）／149
(3) 良い情報を集める／149
(4) 事業を起こすということ／150
(5) 東海バネ工業のすさまじい現場力／152
  column　現場力の強い会社／153
(6) 本社はみすぼらしい／154

10 **第10の習慣：銀行と上手に付き合う**／159
   (1) だました人は終わりが良くない／160
   (2) 社長に貸せば資金使途流用／162
       column　金融機関が想定する運転資金の使い道／163
   (3) 必ず返済する覚悟のある経営者／163
   (4) 金融機関取引の基本的な考え方／165
       column　自己査定結果による金融機関の与信判断について／167
   (5) リスケ（リスケジュール）をしたら融資は出ない／168
   (6) 金融の新しい動き／170
       ① クラウドファンド／170
       ② フィンテックと変化する銀行／171
       ③ ロカベン指標／172

11 **第11の習慣：本気社員を育てる（社長は親、社員は家族）**／175
   (1) 権限委譲しないと社員は育たない／176
       column　某社社長による社員との接し方／177
   (2) 輪読をする会社／178
       column　不況のない会社／180
   (3) 採用は会社最大の投資／180
   (4) 部下に泣く人／181
   (5) 「絶対肯定、絶対安心、絶対感謝」／183
   (6) 経営会議の場にて／184

12 **第12の習慣：宿命を受け継ぎ、ど真ん中を進む**／187
   (1) 事業承継／188
       column　生涯修行、臨終定年／189
   (2) カメさんだよ／189
       column　二代目の覚悟／191
   (3) 二代目はつらい／191
       column　後継者の留意事項（ある後継者の述懐から）／193
   (4) 思想／194
   (5) 創業者と後継者（親子の対話と教育）／196
   (6) 会社の存続要因／197

- (7) 事例：社員に事業承継しようとする会社 ／199

13 第13の習慣：山あり、谷あり、魔坂（まさか）あり ／205
- (1) 会社の寿命 ／206
  - column　多角化を行うタイミング ／207
- (2) 金融機関職員と税理士の役割 ／207
- (3) 辞める理由、辞めない理由 ／209
- (4) 経営者のリスク管理 ／210
- (5) 管理者を育てる ／212
- (6) 経営者の健康管理 ／214
  - column　心のセルフチェック ／217

14 第14の習慣：ゆっくり成長 ／219
- (1) 信頼と放任は別物 ／220
  - column　信頼するということ（ある会社の標語より）／221
- (2) 成長と膨張 ／221
- (3) ネットワーク経営 ／222
- (4) 人を活かす経営 ／224
  - column　会社の雰囲気を明るくする ／226
- (5) 女性経営者の感性 ／226
- (6) リスクは分類して対策を考える ／228

15 第15の習慣：念ずれば花開く ／231
- (1) 感謝の心 ／232
- (2) ブランド作りは足し算でなく掛け算 ／233
- (3) 超繁盛店の話 ／234
  - column　以心　発信　伝心 ／235
- (4) 傾聴する力　決定する力 ／235
- (5) 日本の中小企業経営者 ／237
- (6) 経営者として生きる ／239

これが勘所／243

(1) P／L　損益管理の勘所／244
① P／L（損益計算書）は箱（ハコ）で見る／244
② 経営管理指標／247
③ 損益分岐点分析／250
④ ＲＯＥ（株主資本利益率）／252
⑤ 売上の分析手法／253

(2) B／S　財務管理の勘所／255
① 資金循環／255
② 運転資金が発生する仕組み／256
③ 受信余力表を作る／257
④ 設備投資について経済計算をする／260
⑤ 財務の実態を見つめ続ける(自己資本比率５０％を目指す)／260

(3) C／F　キャッシュ管理の勘所／263
① キャッシュフロー経営と資金繰り表／263
② 経営基盤の強化はお金から／265
③ キャッシュフローパターン図／266
④ 予想貸借対照表／269

推薦の言葉
東海バネ工業株式会社　渡辺良機 代表取締役社長より著者へ／272

あとがき／274

はじめに

はじめに

　私は、中小企業金融公庫(現 日本政策金融公庫)で３６年間にわたり、１万社以上の融資業務や再生支援業務を通じて、全国各地の中小企業経営者の成長と興廃を目の当たりにしてきた。

　立派な業績を上げている経営者には共通するものがある。それを本書では「１５の習慣」としてまとめてみた。良い経営とは結局のところ、自社の儲けのみを考えていては成り立たないものだ。成功する中小企業経営者のもとには、多くの賛同者が集まる。そういう中小企業経営者は人間的な魅力や器の大きさで勝負している人たちである。常に学び、厳しい環境変化にもチャレンジして克服する、そうしたことを繰り返しながら、何度挫折を味わっても決してあきらめず努力を行う人である。中小企業経営はまことに人間臭いもので、外見から見える姿はそれぞれ異なっても、経営の根本となる軸はおそらくそんなに変わらない。最も大切なことは経営者の人間力である。

　円滑な企業経営のためには資金調達が重要である。資金は企業の血液である。金融機関の職員や税理士には、経営者に対して的確なアドバイスをする力が必要であるし、経営者にはそれを聞き分ける力や心のゆとりを持ってほしい。良い耳を持ち、適切な対策を打てる経営者が伸びる経営者である。

　この本は、中小企業経営者の心のあり方や事業の発展につ

いて、金融機関の職員や顧問税理士の立場にある人が、どのように関与していけばうまくいくのかといった問題意識から書いた。適切な事業計画に、適切な事業資金が、適切な時期に供給されること、このプロセスにおいて、中小企業経営者と金融機関、そして税理士が相互に無駄なく互いを理解し合える関係になれば、世の中の景気ももう少し明るくなると思うものである。

　最初から読み進めても、また興味のある項目から読み進めても理解できる構成を心がけた。本文中の事例やコラムは、すべて私が実際に体験したことの中から選んだものである。失敗の積み重ねの中から、わずかな希望を見出して、そこに全経営資源を投入してイノベーションを起こしている経営者の生身の姿等も紹介したい。

　これからは経済成長が見込みがたい時代となるかもしれない。自分を信じて挑戦を続けた創業者の足跡を辿り、後継者自らも変革を続けることが中小企業経営では大事だ。この本が中小企業経営者の参考となり、また、金融機関の職員や税理士が中小企業経営者のベストパートナーとなってもらうために、練達の中小企業経営者の「物の見方」や「考え方」等について事例を通してご理解いただけることができたら無上の幸せである。

14

序　　文

序文　決算書は経営者の通信簿

(1) 大企業の決算を見る

　中小企業においてその会社の歴史や文化は、経営者の人生そのものである。人生の総決算という言葉があるが、中小企業経営者にとってのそれは、自社の決算を並べて見ると振り返ることができる。決算書は社長の通信簿である。過去からの決算を並べて見るといろいろな発見がある。これは１００社があれば１００社とも違うものだ。

　決算書の要点を考える事例として、有価証券報告書をもとにシャープの連続決算書（連結ベース２００８年度以降から２０１６年度、鴻海精密工業との統合前まで）を題材にして考えてみよう。

　シャープの連続損益計算書（Ｐ１７表Ａ）を見ると、２００８年度の売上は３.４兆円で、主力の液晶事業のピークであったと見られるが、その後発生したリーマンショックや東日本大震災等の経済社会環境の変化の中で、基調として売上を落としている。過去９年間のうち、５年間が赤字に転落しており、その結果、貸借対照表（B/S バランスシート）では自己資本を大きく食いつぶしてしまい債務超過に陥った。この９年間で売上高は約１兆円の減少、損失は約１.３兆円（各期の当期利益および損失を単純合算した金額）の累積赤字となっている。（Ｐ１８図①）

序文

A　シャープ㈱　連続損益計算書(簡易整理)

(単位：百万円)

	2008/3期	比率	2009/3期	比率	2010/3期	比率	2011/3期	比率	2012/3期	比率	2013/3期	比率	2014/3期	比率	2015/3期	比率	2016/3期	比率	2016-2008	比率
売上高	3,417,736	100.0%	2,847,227	100.0%	2,755,948	100.0%	3,021,973	100.0%	2,455,850	100.0%	2,478,586	100.0%	2,927,186	100.0%	2,786,256	100.0%	2,461,589	100.0%	-956,147	100.0%
(同上・月平均)	284,811		237,269		229,662		251,831		204,654		206,549		243,932		232,188		205,132		-79,679	
売上原価	2,662,707	77.9%	2,392,397	84.0%	2,229,510	80.9%	2,452,345	81.2%	2,043,842	83.2%	2,218,003	89.5%	2,396,344	81.9%	2,397,749	86.1%	2,228,277	90.5%	-434,430	45.4%
売上総利益	755,029	22.1%	454,830	16.0%	526,438	19.1%	569,628	18.8%	412,008	16.8%	260,583	10.5%	530,842	18.1%	388,507	13.9%	233,312	9.5%	-521,717	54.6%
販管費	571,337	16.7%	510,311	17.9%	474,535	17.2%	490,732	16.2%	449,560	18.3%	406,849	16.4%	422,282	14.4%	438,572	15.7%	395,279	16.1%	-176,058	18.4%
営業利益	183,692	5.4%	-55,481	-1.9%	51,903	1.9%	78,896	2.6%	-37,552	-1.5%	-146,266	-5.9%	108,580	3.7%	-48,065	-1.7%	-161,967	-6.6%	-345,659	36.2%
営業外収益	36,391	1.1%	30,957	1.1%	23,475	0.9%	37,487	1.2%	23,495	1.0%	14,756	0.6%	19,488	0.7%	22,181	0.8%	21,186	0.9%	-15,205	1.6%
営業外費用	51,684	1.5%	57,907	2.0%	44,383	1.6%	57,259	1.9%	51,380	2.1%	74,978	3.0%	74,771	2.6%	70,642	2.5%	51,679	2.1%	0	0.0%
うち支払利息割引料	9,957	0.3%	9,147	0.3%	7,794	0.3%	8,001	0.3%	8,646	0.4%	13,170	0.5%	20,726	0.7%	23,182	0.8%	18,721	0.8%	8,764	-0.9%
経常利益	168,399	4.9%	-82,431	-2.9%	30,995	1.1%	59,124	2.0%	-65,437	-2.7%	-206,488	-8.3%	53,277	1.8%	-96,526	-3.5%	-192,460	-7.8%	-360,864	37.7%
特別損益	-8,159	-0.2%	-121,926	-4.3%	-24,856	-0.9%	-18,244	-0.6%	-172,992	-7.0%	-259,699	-10.5%	-7,307	-0.2%	-92,308	-3.3%	-38,662	-1.6%	-32,503	3.4%
法人税等	60,318	1.8%	-78,542	-2.8%	1,742	0.1%	21,479	0.7%	137,647	5.6%	79,160	3.2%	34,412	1.2%	33,513	1.2%	24,850	1.0%	-35,468	3.7%
当期純利益	101,922	3.0%	-125,815	-4.4%	4,397	0.2%	19,401	0.6%	-376,076	-15.3%	-545,347	-22.0%	11,558	0.4%	-222,347	-8.0%	-255,972	-10.4%	-357,899	37.4%
従業員数(人)	53,708		54,144		53,999		55,580		56,756		50,647		50,253		49,096		43,511		-10,197	

序　文

① シャープ㈱の業績（2008〜2016年度累計）

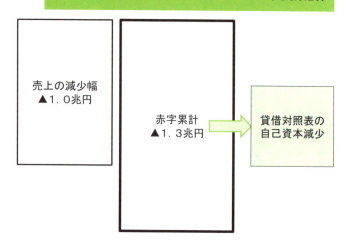

（2）資産は表の顔、調達は裏の顔

　同様にシャープの連続貸借対照表（Ｐ２１表Ｂ）を見る。貸借対照表は、決算日時点における会社に帰属する資産と負債、さらにその差額としての純資産を一覧表示したものである。連続貸借対照表の右手には、９年間の合計資金運用表を掲示した。資金運用表とは貸借対照表の資産および負債・資本の各勘定残高について、どの勘定科目はどのくらいの残高金額の増減になっているかとの観点から作成するもので、一般には１年程度毎にこの残高増減金額の動きを見て、会社内部の資金の動きを分析することができる。

　シャープの資金運用表を要約すると、使用総資本額

は９年間で約１．５兆円減少した。２００８年度では約３兆円の使用総資本があったのだから、９年間で半減したのだ。人間で言うと過激な体重減（ダイエット）をしたようなものだ。

　貸借対照表は、貸借である表の左側（借方：資産）と右側（貸方：負債と自己資本）が一致する。左側の資産を表の顔とすると、資産の減少額（１．５兆円）の内訳は固定資産が約０．８兆円で流動資産が約０．７兆円である。固定資産は設備投資や研究開発等を示す勘定科目で、流動資産は営業上の諸勘定（売掛金や在庫等）を示している（Ｐ２２図②）。

　一方、貸借対照表の裏の顔は負債と自己資本である。シャープの自己資本は９年間で約１．３兆円減少した。要するにダイエットをするために過去の利益の蓄積である自己資本を食いつぶしたことになる。負債の中心である金融機関借入については短期借入金が増加して長期借入金が減少しているが、借入金の総額は９年間ではほぼ一定額を維持している。一般に、長期借入金は返済期間が短期借入金に比較して長いものである。金融機関から見ると、この時期のシャープへの融資はリスクが大きすぎて長期借入金は融資できない状況になっており、何とか短期借入金として運転資金の融資と返済が繰り返されて借入総額は維持しているが、毎月資金が不足し資金繰りがぎりぎりの状況になっていたことを示している。細

かい数字の分析は省略するが、シャープは製造業の生命線である設備投資や研究投資を抑え、目先の資金繰りに追われるマイナスのスパイラルに陥っていたと想像できる。

　シャープという大企業を取り巻く急激な市場の変化は、「スマイルカーブ」というものでよく説明される。スマイルカーブとは、電子部品産業や産業機器分野における付加価値構造を表す曲線のことである。電子部品産業では、製造や組み立てといった事業領域が先進国以外の海外でも代替可能となり、製造組立よりも研究・開発や販売・アフターの方が付加価値が高いという構造を表す。

　シャープは液晶分野で独自の技術開発により先行し、画期的な製品を生み出し続けてきたが、急速に進むグローバル市場の中では、標準化部品を企画し大量供給できる鴻海精密工業のようなEMS（電子機器の受託生産を行う）業態が急速に台頭してきたのだ。日本では大企業であっても世界の市場で勝負するには、巨大な資本力がいる。シャープは事業領域の大胆な構造転換が必要であったと考えられる。

B　シャープ㈱　連続貸借対照表（簡易整理）

(単位:百万円)

	2008/3期	比率	2009/3期	比率	2010/3期	比率	2011/3期	比率	2012/3期	比率	2013/3期	比率	2014/3期	比率	2015/3期	比率	2016/3期	比率	2016-2008
流動資産	1,642,622	53%	1,301,982	45%	1,417,535	50%	1,522,550	53%	1,421,125	54%	1,221,835	59%	1,374,244	63%	1,299,195	66%	965,959	61%	-676,663
現預金	970,956		682,640		788,291		640,668		570,736		618,164		812,340		672,507		562,670		-408,286
受取・債権	388,785		336,937		348,414		247,888		195,325		191,941		379,596		258,493		275,399		-113,386
売掛資産	582,173		345,703		439,877		392,780		375,411		424,223		432,744		414,014		287,271		-294,902
棚卸資産	454,352		399,985		411,283		486,060		527,483		310,709		295,126		338,300		184,313		-270,039
その他流動資産	217,312		219,337		217,981		395,822		322,906		294,982		266,778		288,388		218,976		1,664
固定資産	1,426,468	46%	1,383,235	51%	1,414,367	50%	1,359,894	47%	1,190,896	46%	845,318	41%	807,299	37%	662,031	34%	604,655	38%	-821,813
有形固定資産	1,105,768		1,032,075		1,027,604		964,914		872,442		583,699		519,701		400,592		351,205		-754,583
(土地)	90,420		97,853		101,573		100,124		98,840		94,448		92,784		87,619		85,352		-5,068
建物・構築物等	1,015,348		934,422		926,031		854,790		773,602		469,251		426,917		312,973		265,853		-749,515
無形固定資産	94,131		83,324		76,131		86,119		78,041		59,211		46,048		42,484		41,840		-52,491
投資等	226,549		267,836		310,632		308,861		242,413		242,408		241,550		219,555		211,810		-14,739
繰延資産	4,117	0%	3,524	0%	4,353	0%	3,234	0%	2,114	0%	610	0%	137	0%	83	0%	58	0%	-4,059
資産合計	3,073,207	100%	2,688,721	100%	2,836,255	100%	2,885,878	100%	2,614,135	100%	2,067,763	100%	2,181,680	100%	1,961,909	100%	1,570,672	100%	-1,502,535
流動負債	1,431,371	47%	1,189,969	44%	1,223,906	43%	1,245,913	43%	1,391,080	53%	1,667,533	80%	1,551,625	71%	1,688,954	86%	1,380,211	88%	-51,160
買掛債務	721,838		446,866		554,368		531,638		389,484		365,121		374,470		423,883		278,687		-442,951
短期借入金	308,448		398,405		294,339		278,509		585,451		910,295		781,897		840,026		632,593		324,145
その他流動負債	401,285		344,698		375,199		435,766		416,145		392,117		395,258		423,045		468,931		67,646
固定負債	399,948	13%	450,305	17%	546,489	19%	591,120	20%	577,935	22%	285,393	14%	422,882	19%	230,440	12%	227,021	14%	-172,947
社債・長期借入金等	351,682		408,075		500,114		542,452		509,016		233,087		289,479		113,470		80,251		-271,431
その他	48,286		42,230		46,375		48,668		68,919		52,306		133,403		116,970		146,770		98,484
純資産	1,241,888	40%	1,048,447	39%	1,065,860	38%	1,048,845	36%	645,120	25%	134,837	6%	207,173	9%	44,515	2%	-31,211	-2%	-1,273,079
資本金	204,676		204,676		204,676		204,676		204,676		212,337		121,885		121,885		500		-204,176
剰余金	1,037,192		843,771		861,184		843,969		440,444		-77,500		85,288		-77,370		-31,711		-1,068,903
使用総資本	3,073,207	100%	2,688,721	100%	2,836,255	100%	2,885,878	100%	2,614,135	100%	2,067,763	100%	2,181,680	100%	1,961,909	100%	1,576,021	100%	-1,497,186

(注)短期借入金には償還1年以内の社債等を含む

序文

21

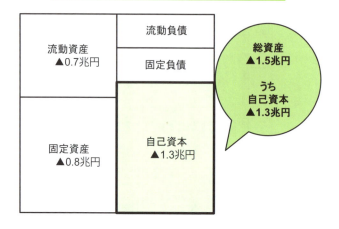

（3）中小企業は少ない資本力で勝負する

　中小企業は経営資源が限られている。その限られた経営資源を、最大限に有効に使う術を習得している練達の経営者が指揮する中小企業の中には、小さく目立たずではあるが素晴らしい業績を上げている会社が多くある。優秀な中小企業の財務内容は、大企業のそれを上回っているものがある。こうした優良な中小企業群は、表面上の決算内容の良さに加えて決算書に出てこない、見えざる資産というものを持っている。それは人材であり、技術力、社風、暖簾（のれん）、ブランド力、そして経営者個人の所有資産等である。こうした良い資産を積み重ねると、貸借対照表の表の顔である資産がきれいになり、

その結果裏側の顔である負債・自己資本の部もきれいになってくる。

　小さくとも世界的な役割を持つ中小企業が日本にはたくさんある。インターネットでは店舗に商品を並べる必要がないので、少数のヒット商品の売上より、あまり売れない商品の総売上が遥かに上回ることがある。（「ロングテール」）。また、ターゲットを絞りに絞り、自分たちで直接的に攻めるマーケティングのやり方（「ピンホール」がある）。ロングテールとか、ピンホールと言われる特殊な市場は今後さらに多様化し中小企業が活躍できる余地はまだまだあると考えられる。

　シャープは、決算書の見方の事例として取り上げた。市場は常に変化し、「スマイルカーブ」等の概念も変化していくだろう。シャープの損益計算書について金額単位を仮に千円単位で見ると、２０１６年度の売上高は２０億円強となり、これは中堅中小企業メーカーの決算書と見てもおかしくはない。決算で連続赤字を出すような業績になると、中小企業金融の世界では、売上減少傾向が続いて低付加価値（低収益）で返済能力がなく、財務も荒れているので、取引金融機関からはとても融資はできないと言われるだろう。

　経営者は簿記の知識はあった方が良い。決算書を並べてどのように考えるか、感じるかは、経営感覚の世界の話であるが、日頃から社内外の数字に多く触れることは、

数字を読み解く訓練ともなる。過去の業績を振り返ることで新しいビジネスモデルを考える想像力が湧いてくる。

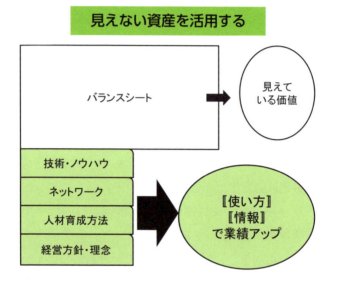

―15の習慣、これで会社は強くなる―

01 第1の習慣：温故知新
（自社の歴史・文化を振り返る）

01 （1）決算書は並べて見る

　会社の歴史は経営者の人生そのものである。私が後継者の研修を行う際には、自社の決算書（損益計算書と貸借対照表）を１０年程度時系列で横に並べ、資金運用表等を作成して過去の経営数字を俯瞰して考えることをすすめている。後継者に、自社の歴史や親世代の苦労を経営数字から感じ取ってもらうためだ。良好な決算書は利益の集積によってのみ成し遂げられるので、長く真摯な取り組みを続ける覚悟がいる。さらに決算書は読み手の立場により見方が異なることも理解してもらう。経営者の視点は、「いかに利益を出し続ける仕組みを作るか」であり、金融機関のそれは、決算書を時系列に眺めることにより「会社の強みと問題点を把握する」ことである。また、税理士は、経営者の気付かない問題点を指摘し改善点を提言することが仕事である。

　いくつかの中小企業の決算書を並べてみよう。金融機関が格付判断で特に重視する債務償還年数（返済能力）と債務超過解消年数（自己資本がプラスになるまでの期間）についても触れてみる。決算書は要約し、数字は概算で記載している。

（ある都市型住宅産業会社・Ａ社の連続決算書）
　　　　　　　　　　　　　　　　　　　＜Ｐ３２表Ａ＞
　１９８０年代後半、日本の景気が絶頂期にあった頃、

Ａ社は事業拡大を進めていた。住宅販売には土地や建物の仕入（不動産投資）が必要だが、積極的に融資拡大したい金融機関が多数群がるように取引拡大を申し出た。どんどん貸してくれるので調子に乗ってどんどん不動産投資を拡張し、売上はピーク時220億円くらいまで増加した。土地を仕入れると売れるので、良い物件と思われたら即断して不動産を買い集めた。取引金融機関はもともと数行であったが、直近の決算期ではいつの間にか２０行近くに膨らんでいた。

　この時期、政府は行き過ぎた過剰な流動性を抑制するために、金融の引き締めに転じた。世に言うバブルの崩壊の始まりであった。不動産価格は一斉に値下がりに転じ、取引金融機関は融資した資金の回収に動いた。「うちはシェア下位の金融機関だからメインが責任を取れ」（当時の言葉で「メイン寄せ」）と多くの金融機関が、潮が引くように取引縮小（融資回収）に動いた。在庫となった土地や建物をたたき売って融資を返済しろとか、追加担保を出せとか、いろいろな要求が一気に２０くらいの金融機関から来ると、経営者はたまったものではない。

　Ａ社の直近決算では、在庫（販売用土地建物）の早期処分や損切りが売上に含まれていたので、赤字に転落した。地価下落で保有不動産の担保評価額が大幅に下降したことで、決算書における実態の自己資本は大幅な債務超過であることが顕在化し、Ａ社の返済能力に不安を

感じ始めた債権者からは、夜討ち朝駆けの返済督促が始まった。取引金融機関が集まるバンクミーティングの場でメイン銀行主導の経営改善計画が示されたが、取引金融機関の数が多すぎて話がまとまらない。金融機関から見た企業格付の指標である、借入金の返済能力を示す債務償還年数は正常格付先と判定できる計画が立ち難く、また、自己資本を食いつぶしたことから、財務の健全性を示す債務超過解消年数も悪化したままである。急激な事業拡大を進めてきたため、人材は育っておらず、砂山が崩れるように組織が壊れていった。

（地方の堅実な住宅業者・B社の連続決算書）

<P３３表B>

　同じ住宅関連会社でも、ファンに支えられ地域に根ざした経営を行う地方中小企業、B社の事例。規模の急速な拡大を目指さず、１つ１つの仕事に真摯に対応する社風が確立しており、新たな工法への研究開発努力を怠らない。売上規模はさほど大きくはないものの、営々として積み上げてきた収益により、財務状況は極めて優良で実質無借金企業である。地元では働きたい会社として常に上位にランクされている。債務償還年数は常に短く安定しており、取引金融機関は積極的支援に応じる姿勢を見せ、未取引の金融機関からは取引開始を要望されているが、借入金を起こすのは常に慎重である。

(設備投資型メーカー・Ｃ社の連続決算書)

<P３４表Ｃ>

　Ｃ社は、大型の工場や機械設備を保有して、定期的に設備投資を繰り返す宿命にある製造業者。市場価格の変化に対して、常に受注先である大手企業からのコストダウン要請が繰り返される。業界内では一定の事業基盤はあるが、経営を維持するためには、機械の能力維持や修繕等を含めた定期的な設備更新が必須となっている。そのため、借入金の残高は設備機械簿価とほぼ歩調を合わせるように増減を繰り返している。

　過去１０年間では年商は３０億円から４０億円程度の間で動いている。時に赤字も発生して、積み上げてきた自己資本を吐き出しているが、設備投資した機械がうまく稼働すると、再び売上が回復して利益を出せるようになってくる。そのため利益を稼ぎ出しても、いずれ来る設備投資（更新）のためにきちんと内部留保しておく。設備投資をする時は、金融機関に頭を下げて得た借入金と自己資金を合わせて資金調達する。債務償還年数は赤字発注時期を除くと５年から２０年前後の間を動くが、金融機関の支援が途切れることはない。

　Ｃ社が頑張っていることで、地域の雇用や経済に対する貢献は計り知れない。

A 都市型住宅産業A社（一般住宅、ビル建設・オフィス工事）の連続財務諸語表（要約）

(単位：百万円)

	2期前		1期前		当期		3年後計画	
売上高	14,000	100%	15,000	100%	22,000	100%	12,000	100%
(月平均)	1,167		1,250		1,833		1,000	
売上総利益	3,220	23%	3,450	23%	4,500	20%	5,000	42%
営業利益	1,000	7%	300	2%	-300	-1%	1,800	15%
経常利益	450	3%	100	1%	-1,000	-5%	1,000	8%
(減価償却費)	200		300		500		200	
長短借入金合計	20,000		32,000		40,000		20,000	
自己資本	500		550		-500		-5,000	
実態自己資本	-500		-1,100		-6,000		-5,000	
債務償還年数	30.8年		80年		計算不能		16.7年	
実態債務超過解消年数	0.8年		2.8年		計算不能		4.2年	

B　地方型住宅産業B社（一般注文住宅）の連続財務諸表（要約）

(単位：百万円)

	2期前		1期前		当期		3年後計画	
売上高	1,350	100%	1,500	100%	1,650	100%	1,800	100%
(月平均)	113		125		138		150	
売上総利益	350	26%	410	27%	450	27%	480	27%
営業利益	100	7%	150	10%	165	10%	200	11%
経常利益	65	5%	125	8%	132	8%	135	8%
(減価償却費)	30		35		33		30	
長短借入金合計	350		325		300		350	
自己資本	320		400		450		520	
債務償還年数	3.7年		2.0年		1.8年		2.1年	

第1の習慣：温故知新（自社の歴史・文化を振り返る）

C 地方型製造業C社の連続財務諸表（要約）

(単位：百万円)

	10期前	9期前	8期前	7期前	6期前	5期前	4期前	3期前	2期前	1期前	当期
売上高	4,300	4,000	3,800	3,400	3,000	3,100	3,400	3,000	3,200	3,400	4,000
(月平均)	358	333	317	283	250	258	283	250	267	283	333
営業利益	220	120	100	180	-80	-50	40	200	220	150	200
経常利益	182	80	60	10	-100	-125	20	135	150	105	50
(減価償却費)	360	320	280	230	100	90	80	130	320	300	280
設備簿価	1,450	1,050	900	800	700	680	650	1,500	1,300	1,200	1,400
長短借入金合計	2,400	2,200	2,000	2,000	2,100	2,100	2,200	3,200	3,000	2,900	2,800
自己資本	330	340	370	380	280	190	200	280	330	400	410
債務償還年数	4.4年	5.3年	5.9年	8.3年	計算不能	計算不能	22年	12.1年	6.4年	7.2年	8.5年

column　債務償還年数と債務超過解消年数

①債務償還年数＝借入金総額÷〖（経常）利益＋減価償却費〗

金融機関では金融検査マニュアルを参考にしながら、自行の取引先の格付査定を行う。金融機関で正常先として格付するには、債務償還年数が１０年以内で資産超過（実質的に自己資本が維持できていること）の状態が望ましいと言われている。債務償還年数の計算上は、借入金総額から正常な営業活動により発生する運転資金額（売掛債権および在庫金額から買掛債権を控除した金額）や、月商を超える手持ち現預金額を控除する場合もある（正味運転資本と呼ぶ）。

　　正味運転資本＝月商を超える現金預金＋売掛債権＋棚卸資産－買掛債務（買掛金＋支払手形）

②債務超過解消年数＝債務超過金額（実態）÷〖（経常）利益＋減価償却費〗

貸借対照表において自己資本が維持できていない状況を債務超過と言う。金融機関では会社が作成する簿価ベースの貸借対照表について、資産の各勘定が実態上存在するか、回収できるものか、等の観点から時価ベースで調査する。この結果、簿価ベースでは自己資本があったとしても、時価ベースでは債務超過となる場合がある。金融機関では、実態的に債務超過に陥ってしまった会社を

正常先として格付するには、債務超過解消年数が3年以内程度に実現する可能性が高い経営改善計画を立てる必要があると言われている。

(2) 運が良いということ

本当に苦労した人、ぎりぎりまで頑張っている人にこそ、この言葉がふさわしい。成功している多くの中小企業経営者は、「成功した秘訣は運が良かった」と謙虚に言う場合が多いが、努力を重ねた結果、運を呼び込んでいるのである。松下幸之助氏、本田宗一郎氏ら、成功した経営者はほぼ全員が、運が良かったという言葉を残しているが、企業家人生を左右する最初の関門は、運ではなく努力で開いているのである。

「運が良かった」とは、時代の要請や今後の景気動向、自社の実力等について、経営者としての確固たる信念を持ち、的確な経営判断を行い、苦境を乗り切り成功したことを表現したものだ。運の良い経営者になるためには、絶え間ない自己研鑽を重ねること、成功の秘訣はやると決めたらしつこく耐え忍んででも実行することである。少しずつ事業を進化させ、多角化し、その分野で他のどこにも負けない商品やサービスを展開する強い信念と忍耐力が必要である。

日本には100年以上続く会社は約2万社、200年続く会社ともなると1万社あるかどうかと言われている

が、老舗の会社には幾代にもわたり事業を継続していくための戒めの言葉が残っている。それは、シンプルだが意味が深い。我欲を戒め、事業家として次の世代に経営を繋いでいくための教えを示すものである。

　最近は経営者の親族以外の事業承継が多くなってきている。事業承継は現経営者にとって極めて重要な問題であるが、目の前の業務に忙殺され本来やるべき大切なことを後回しにしてしまうケースが多い。後継者がいたとしても事業に将来性がなければ魅力を感じないだろうし、後継者自身に経営の資質があるかどうか自信がないといった面もある。事業承継には、自社株評価や自社株以外の資産および債務を引き継ぐという問題が横たわっている。事業の魅力作りと後継者の能力磨きを、現経営者が主体的に取り組む必要がある。

　中小企業白書によると、家族経営的な事業主を含めると日本には３８０万人の経営者が活躍している。この経営者たちはバブル崩壊、リーマンショック、阪神・淡路や東日本の大震災、為替変動等の激変の時代を、運の良さだけでなく一生懸命汗をかいて駆け抜けてきた人たちである。

> **column　老舗企業の社訓の例**

- 質素にして倹約を第一とする
- 事業の拡大を望まず継続を優先する
- 顧客、社員との縁、出会いを尊ぶ
- "2"のつくものは持つな(副業とか愛人とか)
- 本業に集中せよ

(3) 社長室が資料だらけ

　その社長の部屋には、様々な書類がところ構わず置かれていた。応接のスペースはなく、毎年の売上高等の数字が事業年度順に張り出されていた。天井にも数字が並んでいる表が張られている。取引先別の販売データがある。仕入状況が一覧できる資料や細かい分析資料もある。社長の机の引き出しから次々と資料が出てくる。各種データは自社のオリジナル資料として、毎日の動きを見られるフォーマットになっていて工夫が凝らされ、システムも確立されている。

　ここは社長の戦場である。この人は、数字に出ている裏側の現実、真実を徹底的に見るリアリストである。やる気のある社長はもっと会社を変えたいと思っているものだ。情報を徹底的に細分化し、プロセスに問題がないかチェックする。会社として存続するためには過去のデータを徹底的に分析し、次に活かす必要がある。デー

タの中に生き残りのためのヒントがあるはずだが、まだまだ見つけ方が足りないと、もがいている。役員や社員との会話も事実に即して行われる。良いことは良いと言い、悪いことは悪いとはっきりと伝える。報酬も信賞必罰である。この会社の決算書には、無駄な数字が見えない。貸借対照表には、仮払金とか立替金等、わかったようでわからない勘定科目も並んでいない。決算書の数字が必然性を持って並んでいるように感じる。

　設備投資、在庫、人材育成（採用）。事業経営の失敗は、突きつめればこの３つに集約される。設備投資は所期の投資効果が得られなければ、あっという間に不良設備となり借入金の返済が難しくなる。在庫は陳腐化すれば「罪庫」となり、倉庫のスペースを独占し経費の塊となる。採用や人材育成はもっと難しい。下手をすれば労務のトラブルに発展する場合も最近は多い。一般に会社経営の破綻は、得意先の倒産等で販売代金が回収不能となる資金繰りの狂いから生じることが多いが、懸命に経営してもうまくいかない真の原因は、たいていはこの３つについて、スタートラインの戦略が間違っていたことに遡る。

　そのため、これらの投資はよほど検討したうえで行わないといけないし、万が一失敗しても、その影響を軽微にできるように、いくつかの代替手段を考えておかないといけない。会社の投資は苦しんで検討したものほどう

まくいき、簡単に資金調達して進めたものは、成果を上げることが少なかった、といったことがよくあるのだ。

経営者は決断することが仕事である。日々会社の生の数字に真剣に向き合って、そこから現場の真実の姿を見ることができるかどうかが、早期着手・迅速な課題解決の道である。

（4）細部まで見ること（ヨコ読みの力）

自社にとって重要な業務を「見える化」することで、会社は強くなる。ある製造業の会社ではワークフロー図を導入している。ワークフロー図は一般に業務についての一連のやり取りを図で示したものであるが、同社は業務をプロセスごとに詳細に分析し、どこで儲けているのか、そのプロセスは必要なものか、他に代替手段はないのか、といった詳細な検討を定期的に実施している。中小企業でも組織が縦割りとなり情報の意思疎通がうまくいっていないケースは結構多いが、この会社の場合は、製造も営業も総務経理も、互いの業務の流れに関心を持つ文化を育ててきたので、現場横断的な情報交換が頻繁に行われている。ＩＴ化も進んでいるが、アナログの面も大切にしている。システムありきで業務を進めると、人間が機械やシステムに使われてしまいかねない。程良いアナログの状態があることで、意思疎通がうまくいっている。

業務の流れが伝票処理を通じてお金の流れとなる過程で、経理情報をいかに早く適切な形で経営者が把握し、次の意思決定に繋げるかが重要である。会計情報の整備は、事業の明日の計画を考えるうえで極めて重要であり、継続的な黒字企業になるための出発点である。

　中小企業は、大企業のように単年度勝負とか４半期勝負で結果を追い求めてはいけない。大企業では株主への説明責任が重いので「タテ読み」して年度単位や４半期単位での結果を示すことが求められがちだが、中小企業経営で求められる本当の計数管理能力は、将来にわたって稼ぐことができる事業を見極めて、中長期的にそれを育成し、維持し、伸ばしていくことができる能力である。例えば現時点では事業Ａで稼いでいるが、将来的には縮小が見込まれるので、先行きが楽しみな事業Ｂと事業Ｃについて多少のコストをかけて研究しながらじっくりと取り組む、といったことである。地味であるがコツコツと次の事業を育てる根気が必要で、中小企業では事業ごとに中長期的に判断する「ヨコ読み」する力が重要だ。

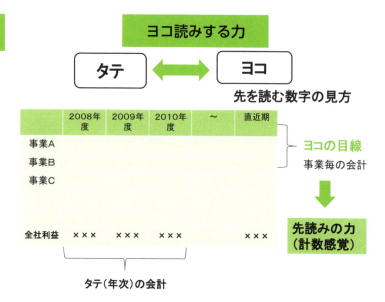

(5) 現状把握とSWOT分析の重要性

自社の経営資源は何か、顧客は誰なのか、これから会社はどこに向かうべきなのか。こうした根源的なことを考える手段として有効なのがSWOT分析である。SWOTとは、会社や個人の目標にとって強み(Strengths)、弱み(Weaknesses)、機会(Opportunities)、脅威(Threats)の4つのカテゴリーで分析することである。

SWOT分析は現状を正確に理解するための道具であり、この枠組を利用することで、自社の置かれている状況を客観的に理解することができる。何の枠組もないと

円高だから仕方ないとか、商店街が衰退しているから仕方ない等の外部要因ばかりに目が行きがちになる。ＳＷＯＴ分析を使っても自社の弱みばかりを発言しては何の解決にもならない。強みとして挙げられたことが本当に強みなのか、強みと思い込んでいるだけで宝の持ち腐れではないのか、全社でじっくり考える必要がある。この取り組みはうまく利用すれば効果が出るが、間違って利用すると、逆効果になることがある。誤った方針転換が、今までの利益率の高い高額商品の購入者を離れさせ、利益を減らしてしまうこともある。強みを考える際には、感覚ではなく実際に売れている商品、購入している顧客の特性等を把握しなければならない。

　参考事例（Ｐ４５表）では、長年にわたって主力受注先Ｂ社への取引依存度が高い会社が、下請け体質からの脱却を図り、技術力を活かした新製品開発に踏み切るための考え方を整理してみた。分析に当たっては、外部の環境変化、競合の状況等をできるだけ客観的に見ることが重要だ。自社内のポジションから見るだけでは、会社の真の問題点は浮かび上がってこないからである。ＳＷＯＴ分析は、「不」（企業を取り巻く不安、不満、不備等）を除き、「予」（リスク管理のための予測、予備、予感等）を考える道具でもある。しっかり考えてＰＤＣＡサイクル（Plan〈計画〉→Do〈実行〉→Check〈評価〉→Act〈改善〉）に繋げよう。ＰＤＣＡはシンプルに回す

に限る。そして決めたことを素直に繰り返すことによって社員がともに行動し共感する。繰り返すことで社内管理業務も継続的に改善されていく。逆に頭でっかちの戦略では社員は誰もついてこない。経営者の一方的な指示や思い付きが過ぎると現場は火を噴いてしまう。

第1の習慣：温故知新（自社の歴史・文化を振り返る）

SWOT分析表（記載例）

	内部環境（製品・技術・人等事業の状況）	
	<強み> ・大手企業B社と長年の取引を行っており、受注基盤は安定している ・製品価格は高いが、品質の良さから顧客には好評価を得ている ・多種多様な技術力を保有しており、様々な案件に対応が可能である	<弱み> ・B社の下請けにしているための受身の営業態勢になっている ・採算管理ができていないため、顧客ニーズに過剰に対応して、赤字となっている受注がある
外部環境（業界・競合先等の動向） <機会> ・オリンピック効果により関東圏の需要は増加すると予測されている ・単価の下落が進んでいたが、近年の需要の高まりにより、下げ止まりから反転に向かっている	【積極化戦略案】 ・B社からのオリンピック関連受注をさらに取り込み盤石の受注基盤を構築する ・技術力を背景に価格交渉力を強化する	【改善戦略案】 ・営業態勢を再構築することで、新規先からの受注活動を積極的に展開する
<脅威> ・原材料費の高騰による、収益圧迫懸念がある ・高齢化から顧客ニーズが変化してきている	【差別化戦略案】 ・技術力を活かして高齢者向けに新製品を開発する	【縮小・撤退戦略案】 ・採算管理を強化し、不採算案件から撤退する

【戦略案から絞り込んだ今後取り組む戦略】

1. 営業態勢再構築による新規先からの受注開拓（B社依存度を低める）

2. 不採算案件からの撤退（規模の拡大より収益力の強化を狙う）

3. 技術力を活かした高齢者向け新製品の開発（技術力をさらに高めるために新分野を開拓する）

（6）早起きは経営者の心得

「朝3時55分に起床。さあ、ゴーゴーだ」。「朝4時15分に起床。よし、行こう」。これらはある著名な経営者たちの早起き習慣を表す言葉である。経営者には習慣や儀式がある。必ず同じ時間に起床する経営者は、自らの心の中を清らかにする儀式を行っている。毎朝仏前で勤行する経営者も多い。今日も正しい行動ができるように、自分のリズムを作ろうとしている。会社に神棚やお宮を祭っているところも多いが、経営者は正しい心で正しい行動を追求する、その気持ちを今日も持つことを神に誓っているのだ。

早起きして会社の周辺を掃除したり、トイレ掃除を率先垂範で実施している経営者も多い。経営者が本気で取り組むと、社員も自然に掃除を始める。事業とは何の関係もないと言えばそうである。しかし、スリッパがきちんと並んで揃えてある会社とそうでない会社、トイレがピカピカである会社とそうでない会社、工具がきちんと整理整頓されている会社とそうでない会社、雨の日に傘が整然と並んでいる会社とそうでない会社、階段の床がきれいに掃除されている会社とほこりが隅に固まっている会社、社員が明るく挨拶する会社とそうでない会社、いろいろあるが、前者はすべて業績が良く、後者はだいたい良くない。

経営者の正しい行動への想いが社員に響いている会社

は、環境整備が行き届いている。そんな会社の工場訪問に行くと気持ちが良い。当然トイレもきれいだ。工場を案内してくれるのは、若手社員や女性社員だったりする。現場を案内するには会社のことをよく勉強し、働いている人たちのことを知り、見学者の質問に備えていろいろな準備をしていないとできない。社員に見学者の案内をさせることは社員教育の1つと言える。ベテランの社員がそれとなくサポートしている。「〇〇様、本日はようこそいらっしゃいました」ということまで言ってくれる。

第1の習慣：温故知新（自社の歴史・文化を振り返る）

02　第2の習慣：調子に乗らないこと

（1） 資金繰りが基本

　会社が存続するためには現実を見つめる勇気と、足元の資金繰りを理解し先行きを想像できる感性が必要である。資金があることは経営でとても大切なことで、足元の資金繰りだけは経営者自らが理解していないといけない。

　時代は経営者が考える以上のスピードで変化する。そのスピードに追い付くには、夢を追いながらも足元を固めなければならない。夢と現実は違う。夢を実現するためには、時間と努力が必要であり、努力しても思い描いていた夢の半分もできないことが実際のところであろう。経営者として大勝負をしなければならない時は必ず来るが、それは創業して1年や2年で来ることはまずない。しっかり力を溜めておく時期が必要である。考えたことの8～9割はうまくいかないものだという前提で、生き残るための資金繰りを考えることがスタートとなる。

　赤字は悪である。赤字は社員やその家族の生活を破壊することに繋がる。利益が多少出ても、資金繰りがいつも繁忙であれば赤字であるのと一緒である。しっかり考えた事業計画に沿って、先行的に費用が発生してしまう場合や、新しい分野への研究開発や採用増加といった意味のある赤字は良いが、よくわからないけどなんとなく資金が残らない、というようなものは、原因を徹底的に精査しなくてはならない。小さな赤字の発生を黙認した

経営者の油断が、将来の破綻に繋がったケースは多い。

　資金繰りがわからないという経営者は意外に多い。資金繰りは赤字で経営が苦しい時にはもちろん、売上が伸びた時にも実はきつくなるものだ。増加運転資金と言って、受注が伸びてくると、仕入から販売までの間に回収する資金と支払う資金のギャップが生じて、売上が伸びるほど資金繰りが厳しくなることがある。売上代金の回収より支払いが先であることや、受注増加に備えて在庫を増やすことで生じ、不良在庫の発生等で資金が回らなくなる（資金が寝るとも言う）時にも発生する。資金繰りが繁忙になっている根本原因をよく突きつめておくことで、次の行動に移ることができる。資金を生み出す対策も細かく実施する。取引相手の資金繰りの都合もあるが、お金は売上を上げて回収しないと会社に入ってこない。回収条件の良い取引先を増やしていく必要がある。また、赤字取引をしないことや不要不急な出費をしないこと等も基本である。経営者が資金繰りを読めると、社内に良好な緊張感が生まれる。

column　資金を生み出す対策

〈資金繰りが悪化する原因〉
・赤字の発生に対して、経営方針や利益計画の変更が迅速に行われていない

- 設備投資を実施したが長期資金調達（長期借入金および自己資金）不足である
- 過大投資、過大在庫、過大な固定預金（定期預金等）が発生している
- 売掛債権および短期貸付金等が固定化・不良化している
- 現金収支のズレ、決算関係資金および賞与関係資金の支払い、税金の追徴が発生している
- 自然災害等による一時金が発生している
- 借入金の返済過多となっている

〈資金を生み出す対策〉
- 現金比率の高い製品の増加余地を個別取引先ごとに検討する
- 売掛金の回収増加、回収期間の短縮余地を個別取引先ごとに検討する
- 棚卸資産の圧縮余地を検討する
- 立替金の清算、営業活動に直接関係のない出資金や貸付金を回収する
- 前受金受領の交渉を行う
- 不要不急の経費支出の見直し
- 赤字事業、部門からの撤退
- 固定資産投資の削減、圧縮、延期
- 遊休資産、手持ち有価証券の売却

- 増資
- 借入金および手形割引の増加
- 経営者の個人資金の提供

（2） 意味のあるお金を借りる

　経営者の最大の仕事は、決断することである。日々会社の生の数字に真剣に向き合って、そこから現場の真実の姿を見ることができるか、何を最優先にして早期着手・迅速課題解決に向けるのか、その決断は経営者しかできない仕事である。

　決断するには現場で起きている事実を正確に把握すること、そしてその事実を数字で示している月次の残高試算表をできるだけ早く作れる体制を作りたい。当月の残高試算表は翌月５営業日くらいを目標に作成すると、次の戦略を考えやすくなる。鮮度のある情報をもとに考えられるからだ。月次の残高試算表を早く作成する会社は、金融機関の信用が高くなる。早く作るための工夫はいろいろ考えられる。主要勘定だけに集中して作業するとか、経費の支払ルールや仕入先との支払条件をできるだけ統一するとか、会計単位を１０万円にして検討するとか、工夫の余地はいろいろあるはずだ。数字の裏付けのない話は単なるヤマ勘と同じで、時々原数値を確認しておかないと、経営者としての勘が働いてこない。月次の残高試算表が早く作成できるようになると、要約された

月次の損益計算書や貸借対照表が作れるようになる。そして日次決算の作成を検討できるようになる。

　事業が比較的好調な時ほど、経営の足元をきちんと見つめ直さなければならない。月次の残高試算表を使って金融機関とコミュニケーションを十分に取ることが、リスク管理になる。会社が長期に存続するためには、税引き後の段階で利益が出なければならない。そうすることで自己資本が増え、信用が増す。融資ありきではなく、事業としての根本のところで資金がいるかいらないかを考えることが先である。

　事業をやっていると、とんでもないことが起きることがある。融資は会社にとって血液と一緒である。必要な時に必要な資金量を確保できるように、年間資金調達計画等について取引金融機関と十分に打ち合わせすることが必要だ。逆に、主体性のない資金調達をする癖がついてしまうと、経営はいずれ破綻する。経営の中味、特に資金繰りや会社の資金構造を徹底的にチェックすべきである。自信がなければ、明確に指摘してくれる専門家を雇ってでも、転ばぬ先の意識を保つべきである。

会計情報にこだわる

- 第1段階は**月次決算の正確性**
- 第2段階はその**スピード**
  翌月10営業日以内⇒5営業日以内
  - ⇒月末には各請求書が経理部門に集まっている
    取引先に対し締日の統一、取引条件の見直しを要請
    経理業務(地味だけど重要な仕事、現物確認の習慣化)
- 第3段階は**要約P/L（損益計算書）と要約B/S（貸借対照表）の作成**
  - ⇒主要勘定以外のもの（仮払い等）が少ない状況
    月末在庫の棚卸習慣
    部門別等の見える化が実現する
- 第4段階で**日次決算の実施**

(3) 自社の指標・物差し

　経営者は、自社経営における物差し（自社の共通言語である経営指標）を最低1つ、できたら3つ程度は持つべきだろう。数字が会社を語る。強い会社にはシンプルで明確な共通言語がある。正しい方法で、早く多くのキャッシュを得ることができるかを判断するために、その指標を前年同期や前月と比較し、場合により他社の数字とも比較して会社の健康状態を常にチェックする習慣が根付いているものである。よくあるのは1人当たりの利益、1人当たりの獲得キャッシュ等の貢献度指標であるが、顧客から見ても価値の高い指標であることが重要な点である。これは経営者が一方的に決めても、決して

うまくいかない。社内で意見交換やコミュニケーションを取ったうえで納得できる指標を作るには時間がかかるが、少しずつレベルアップして気長に取り組もう。自社にとって重要な指標のうち１つでも悪化すると、まず資金繰りの状況にわずかな変化が生じてくる。放置していると、金融機関からの借入はできないことはないものの、その条件が厳しくなってくる。

　会社は短期的には赤字であっても、お金が回れば存続できる。会社が存続するためには、資金繰りが回ることが絶対条件である。資金が足りなくなると銀行にお金を借りることになり、その時になって受注状況の説明や資金繰りがなぜ今苦しくなっているのか、今後の借入金の返済予定をきちんと説明できないと金融機関からの信用はなかなか得られない。そのためには月次の残高試算表や資金繰り表等の経営数字が必要だ。赤字が続けば金融機関からの借入ができなくなる。黒字の資金で再投資しなければ、会社は成長できない。

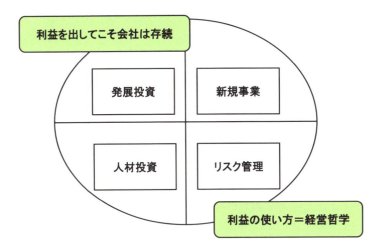

（4）成功する社長と失敗する社長

　真に根気のある人が成功する。経営者には覚悟が必要だ。中小企業の経営者の一番の特徴は、背負っている責任の重さにある。経営者とはたくさんの社員とその家族の生活や人生を背負う人のことを言う。連帯保証人になることは、経営に失敗すれば身ぐるみはがされることに繋がる。

　初めて融資を受け連帯保証人になるための融資契約書にサインする際、手が震えたという経験は多くの経営者が持っている。経営は継続しないと意味がなく、結果がすべてであり自己責任である。事業にはたくさんのお金

がかかる。成功すれば賞賛され、失敗すれば地獄に落ちる。保証人の前に連帯と付くだけで、一段と責任が重くなる。優秀な業績を上げている会社でも、たいていは過去に大きな危機を何度も潜り抜けてきている。主力商品が販売不振に陥った時に、取引先との信頼関係により救われたとか、設備投資をして十分な稼働が得られず膨大な借金が残ってしまったが、普段からの取引金融機関との信頼関係が支えになって踏ん張れたとか。赤字でも社員やその家族から応援を受けて続けられたとか、そんな経験は中小企業経営者しかわからない世界である。失敗と我慢の繰り返しの中で、環境変化を敏感に察知し、適切な手段を選択できるように努めていると、経営者としての勘が育ってくる。利益を出してこそ会社は存続し、利益の使い方で経営者のセンスや考え方がうかがえるものだ。これを経営者の先見性と言っても良い。

　経営者は夢を持つことで成長する人だ。その夢と共有できる社員とともに、経営者自身が成長するのだ。短期の目標と長期の夢を持たないと人は強く生きられない。目標と夢を両立している人が成功する。

　経営は『忍』の一字にあると言う経営者も多い。赤字になっても一緒に頑張ってくれる社員を育成し、金融機関との付き合いもきちんとしなければいけない。取引金融機関の数は会社の規模にもよるが、そんなに増やすべきではないだろう。業態の異なる民間金融機関と政府系

金融機関をうまく織り交ぜると、いろいろな情報を比較検討できて良い。

column　判断と根拠

・判断に迷った時は一番難しい方法で取り組む
・会社は社員のためにあると心の底から思う
・決めるのが社長（号令力）
・今日この時に全力投球
・信用を築けば食べていける

（5）工程飛ばし

　社内の生産工程の改善をすることで会社の力も伸びる。モノづくりのプロでなくとも、こうしたことに優れた感覚を持つ経営者がいる。現場の観察力が抜きん出ていて、どうしたらより良く、より安くできるかという工程飛ばしの発想である。業界の常識から考え始めると、決して良いアイデアは出てこない。海外ではこの製品はどのような工程を経て作られているのか？この工程は機械メーカーが推薦するだけで、本当は必要ないのではないか？この工程と次工程は一緒にできるのではないか・・・？

　自社で機械設備やラインを作っているモノづくり企業は多い。到達すべき目標が明確になると、そこから逆算思考で現場の工夫が始まる。なんでもチャレンジする精

神が育まれている会社は、いろいろな治具や移動用ワゴン、作業台等を社員の身の丈目線で工夫している。工場の整理整頓はペンキ塗りやトイレ掃除から始める。作業するエリアと製品が移動するエリア、保管するエリア等、モノの置き場や作業場所を明確に表示することも大事だ。

　ある会社では、業績不振に陥った会社をテコ入れする時に、製造現場においてこうした地道な作業を嫌がらずにきちんとできる人を工場幹部に抜擢している。率先して工夫する人物に人はついてくる。その持ち場で最善・最高の仕事をして、コツコツ努力している社員が会社の健全性を支えているからである。新しい会社に生まれ変わった現場で、その経営者は最初の3日間は徹底して社員を教育する。4日目はわざと席を外して社員に考えさせる。間仕切りやレイアウト変更も社員に創意工夫を求める。ホームセンターで調達してきた部材を使って工場がどんどん変わっていく。工場が変わるとそこで働く社員の意識も変わる。今度はどうやって改善しようかと積極的になる。工場の立ち上げは会社の設立と同じである。優れた経営者は、社員が勝手に動けるように気付きを上手に与えることができる。

(6) 月商の3か月分

　リーマンショックの時に、ある製造業の社長への融資金額は月の売上高の3か月分を用意したことがあった。

あのリーマンショックの際は、多くの中小企業で突然売上が減少し、しばらく回復しなかった。会社というのはお金の塊であり、仮に売上がなくなるといろいろなお金がすぐに必要になる。材料や商品が入手できなくなると商売ができなくなるので、まず仕入代金の決済資金が必要になる。社員の給料も払わないといけない。社会保険料、電力料金や家賃、固定資産税などの経費に加え借入金の返済など、売上がなくても払わなければいけないお金はたくさんある。月商の３か月分程度の資金が手元にあれば、経営者に少し先のことに手を打つ心の余裕ができる。理想は自己資金の蓄積を行うことで対応するのだが、そう簡単にはいかない。この会社のように、いつでもある程度のお金を調達できるように、普段から金融機関と話をつけておくことや、会社防衛のための事業保険の準備をしておくことも必要である。

　節税に励むことは悪いことではないが、節税に軸足がかかりすぎて銭足らずになることは避けたい。節税は資金繰りに余裕がある時に考えることだ。節税商品を選ぶ場合には、メリット、デメリットをしっかり把握しないといけない。継続的に資金を支出する必要がある節税は、長期的な資金繰りを考える。資金繰りと収益は違う。節税のために借入をして、その結果資金繰りが苦しくなることは本末転倒である。資金繰りと収益のバランスを維持するように注意しなければならない。

03 第3の習慣：
経営理念を磨き経営計画を立てる

(1) 会社が向かうべき方向性を明確にする

　経営理念は会社の憲法である。経営者の心の底からの想いがにじみ出るものだ。経営理念を守らなければ会社のベクトルがズレてしまう。理想があるから目標ができ、全社一丸で進むための行動理念ができる。ベクトルがまとまり、目標を達成するために行動計画ができる。数字に落とし込む中長期計画を立て、中長期計画を達成するために短期の経営計画を立て、短期の経営計画を達成するための施策を考え実行し、経営発表会で振り返り、修正し、また実行することで良い社風を築いていく。

　経営計画は作るのが目的ではなく、会社の進むべき道を社内で共有するために必要である。一般的な経営計画書の基本構成をＰ６６に例示するが、経営計画書は形から入るものではない。顧客は当社をなぜ支持してくれるのか、良い社風を続けるために何をするのか、強い財務力を作るためにはどうするのか、新しい分野への挑戦をどのように考えるのか、経営効率を高めるための仕組みはどうするのか、といった視点を持って作成することが重要である。

　経営計画という軸がしっかりできていない会社は、業績が悪化した時に業績改善の方向感が定まりにくい。金融機関と返済条件を巡って交渉するが、はかばかしい成果がない。会社の数字を説明することができないうえに、先行きの返済見込みや経営の方向等を明確に示すことが

できないと、金融機関も対応しようがない。数字のことは経理担当者や顧問税理士任せの経営者もいるが、金融機関にとっては良い印象にはならない。返済の青写真をきちんと示し、経営者自らが経営の方向性をきちんと語ることが重要だ。経営者に事業運営の勘は必要だが、ヤマ勘での経営管理は効果がない。自己管理がしっかりできない経営者はだいたいにおいて、自社の数字の管理ができていない。会社の定期健康診断を怠っていると、経営危機が迫っていることに気付くのが遅れる。人間は病気になって改めて健康のありがたさを知るが、良い経営者はどんな時もお金のありがたさを忘れない人である。

経営計画書の基本構成（例）

・経営方針
・会社概要
・ビジネスモデル俯瞰図
・グループ企業図
・事業概況（収支、財務）
・具体的な改善策
　（売上、変動費、固定費、財務）
・アクションプラン（行動計画）
・ＳＷＯＴ分析表
・戦略マップ
・売上計画（顧客・商品・部門別等）
・中期経営計画（3〜5年の数値計画損益計算書、
　貸借対照表、キャッシュフロー計算書）
・月次収支計画
・資金繰り予定表
・金融機関受信余力表
・実態貸借対照表
・返済計画表
・設備投資計画概要

> **経営計画には**
> **「中期経営計画」、「経営改善計画」、**
> **「事業再生（再建）計画」等がある**

（2）ビジネスモデル俯瞰図

　経営計画は経営者が中心になって作成するものである。自社の経営基盤を強化し、次に強みとなる範囲を広げ、新しい分野にも目を向けていく。そういったストーリー性が必要である。社員の賛同を得て、全員のベクトルを

揃えることが目的でもあるので、外面が良いだけの計画は必要ない。経営の考えを整理して、計画を策定実行し、振り返るのは経営者自身である。文言だけで「強化する」「徹底する」とか「努力する」と言っても意味がない。

　経営計画の作成は現状や立地環境を正確に把握することから始める。会社の現実を把握することが基盤強化の第一歩である。売上が伸び悩んでいる場合は、その原因があるはずである。売上不振に陥っている会社には、①既存事業・商品・サービスの問題を放置している、②セールスターゲットを曖昧にしている、③他社との差別化がかけ声倒れになっている、④営業・販売の問題が先送りされている、⑤顧客ロイヤリティの高いお客へのアプローチが弱い、⑥仕組み・人事評価がそもそも脆弱でモチベーションが上がらない、といったことが起きている。

　経営者から見て、営業担当者の動きや得意先の変化、市場の変化について、商流やお金、情報の流れを再確認するためにビジネスモデル俯瞰図（Ｐ６８図）を作ってみよう。どこから仕入れて、どのように社内で加工し、どこに販売しているかを大まかにとらえてみる。実務は細かいことの繰り返しであるが、時に高い位置から見直すことが大切である。自社の基盤が確認できたら、次はその周辺を見る。ヨコ展開して新規に出る市場はないかを考える。

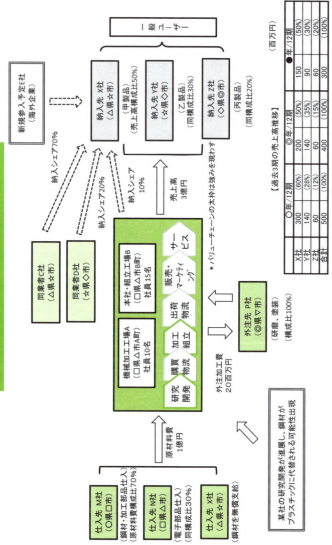

（3）売上計画と粗利計画

　売上を伸ばそうとすると新規取引先を獲得することになるが、なかなか容易ではないので、せいぜい全体売上の５％程度を見込むのが妥当であろう。少なくとも既存の売上の８０％までは、個別の得意先の売上見込みを積み上げなければならない。

　ここで重要な点は、それを振り返り、修正できるようにしておくことである。どうして売上は伸びるのか等、しっかり理由をつける必要がある。例えば、ホームページを充実させる（英語版等各国の言語で作る、スマホ対応を強化する）、今まで電話でしか営業していなかったが、訪問したうえで何を誰（キーマン）に提案したかを報告し、今後どのようにクロージングまで持っていくかを決める等、具体的な行動計画に落とし込む必要がある。営業拠点を拡充する場合は市場動向を十分調査する必要がある。東京進出する地方企業の例は多いが、東京から大阪や名古屋の都市圏に進出してもうまくいかないことがある。

　売上総利益率は、例えば不良率を１０％削減させるので０.１％良くなる等、改善する理由を明示する。粗利計画は、数字化することで初めて振り返ることが可能となる。計画通り進んでいない場合には、経営者が目標を修正するか、あるいは、体制の変更を行って、目標達成に向けて行動しなければならない。経営改善計画で最も

重要なことは、実行可能なものを作ることだ。

　大口取引先に取引を集中しすぎないことも重要である。受注環境が厳しい時代に安定した取引先を確保することだけでも大変なのに、何を言うのかと怒られるかもしれない。しかし、これは会社のリスク管理の１丁目１番地であろう。特定の得意先に集中しすぎると、調子の良い時はスムーズに事業が回るが、そうでなくなるとその得意先が持つリスクを一手に引き受けることになってしまう。得意先が強力な会社であれば主従の関係ができてしまい、結果、下請け意識が蔓延しイノベーションの起きにくい会社の文化を作ってしまう。賢いウサギは穴を３つ持つと言う。まず粗利益を十分に確保できる取引先を獲得した後に取引先を分散することは転ばぬ先の杖である。そして業績の良い時にこそ、勇気を持って、しかし慎重に新しい取引先を開拓すべきである。

（4）プラチナ賞

　その会社の経営会議は、社長が社員の業務日報について発言することから始まる。１人１人の業務日報の文面から、その人の性格や行動の背景等を鋭く読み解き、ライン長に対して同様の観察眼を磨くことを要求する。社員に語りかける言葉は一言一言がよく吟味されている。会議冒頭には部門別の業績が明確な形で示され、貢献度の高い部門長には「プラチナ賞」が社長直々に授与され

る。次に、今何をすべきか、課題の優先順位は何か、他社との差別化における各部署の工夫やそれに対する意見交換を経て、やるべきことを決定する。業績が悪化した部門の幹部は、真の原因究明と対策を発言する。好調な部門の幹部は、良くなっている時期だからこそ、今しか打てない手段を考えるように求められる。会議で決定したことは即実行し、翌月に評価する。この繰り返しであり、それを２０年以上続けている。

　人の記憶は極めていい加減だ。だからこそ、業務日報のような記録に基づいて判断することが重要である。この会社では各部署でリーダーが現場をきめ細かく観察し、改善を繰り返している。わずかな変化にも目を行き届かせ、対策を打つことができる人材が育っている。会社の数字を一番意識するのは経営者であるが、幹部社員が経営者と同じ目線で考え実行する文化が根付いている会社は、強い会社である。

column　経営品質向上に取り組むための視点

・お客本位
・独自能力
・社員重視
・社会との調和
・５つのＫ：気付く、心を磨く、謙虚、感動の心、感謝の心

（5）経営発展はパーソナルブランドの発揮から

　その経営者の瞳は少年のように澄んでいた。若い頃から冒険家として世界各地を歩く中で、プロの冒険家が納得する高機能ウエア製品を世に送り出したいと考え起業した。従業員３人でスタートした創業当時、小さなアパートの一室で古着から中綿を引き出し、いろいろな素材を買い込んでは詰め替えて開発に明け暮れた。

　ファンの共感を得て少しずつではあるが、売上が増えて経営が軌道に乗り始めると、社長自身が広告塔になり徹底的に製品の良さをＰＲした。プロ仕様の高機能ウエアを自ら着用してゾウに乗ったり、カヌーを漕いだり、山にも登った。すべてが絵になった。パーソナルブランドという言葉のなかった時代に、一歩先を見て躊躇なく先頭を走っていた。顧客の心をつかむためには単に満足させるだけでは不十分である。熱狂的なファンを作らないといけない。そのためには自社が目指す製品やサービスの中味を自分たちで決める覚悟がいる。

　住宅関連産業の発展を願って、職人の学校を設立した経営者がいる。若い頃に創業し大変苦労したが、「なんでもやる」の精神でチャレンジを続け、いまや業界のトップ企業となった。お世話になった地域へのお返しのために自社の製造ノウハウを公開してまで尽くそうとしている。事業は利益が確保できないと成り立たない。利益が蓄積された時、経営者は世の中の役に立ちたいと自ら行

動を起こす。毎年１％ずつ自己資本比率を高めてきたこの会社は、創業５０年目で自己資本比率は５０％となった。売上規模は創業時の１，０００倍以上になっている。

column　取引基本約定書の話

　企業間の取引における取引基本約定書の存在は大きい。取引に関するメールの保存や議事録の整備等もリスク管理上はきちんとした記録として残しておくべきである。

　相手が大企業であろうとも、技術力を求めて事業を横断的にコーディネートし、文書化して提案することで、なくてはならない重要なパートナー企業として存在感を発揮している中小企業がある。大企業の系列がなくなり、中小企業においても業務全体の一貫性とか整合性を図る力を持つことが求められる時代になってきた。

（６）Ｍ＆Ａ（会社の合併と買収）と経営者の想い

　後継者不足で外部の人材に経営を引き受けてほしいと考える会社経営者が増えている。子供にはつらい思いまでして経営を継がせたくない、息子も親の姿を見て継ぎたくないというケースもある。廃業するには財務が少々痛んでいるが、才覚のある人物であればきっと黒字にして、社員の生活も支えてくれるだろうから会社を売りたい、というのが多くの経営者の気持ちである。

会社の売り手側は、不動産をはじめ商品の価額等を高く評価するものだが、買い手側は、少しでも安く買いたい気持ちがあるために、同じ資産であっても大幅に評価額が異なることがある。

DCF法（ディスカウントキャッシュフロー法の略。お金の時間的価値を考慮して、長期の投資効果を測定する手法）で評価すると、最近の決算が赤字であれば、買い手側はその事業にははとんど価値がないと評価する一方で、売り手側は商圏を有し教育された社員と一定の顧客がいることの価値を高く評価する。売り手側の経営者にとって会社はわが子同然のように考えていて、安く評価されると、自分が否定されたような感覚になってしまい抵抗を覚える。

会社の価額は１つ１つ異なり、買い手がどのように利用するつもりなのかで売却価値は大きく変わる。どんなに売り手の経営者が高く見積もったとしても、買い手が考える以上の価額では売れないし、買い手が現れなければ価値は資産のスクラップ価値しかない。

企業風土がよく似た場合のM＆Aは比較的うまくいくケースが多いので、自社の事業となるべく近い事業に買ってもらう方が良い。一方、引き継いだ社員が新しい会社の風土に馴染めなかったり、反発して退職しもぬけの殻になり、ただ赤字を作っただけに終わると最悪である。事業引継ぎ支援センターという国の制度を利用する

と、企業情報が適切に管理されたうえで、お見合い相手を効果的に探すことができる。M＆Aは企業文化のマッチングである。

04 第4の習慣：
誰よりも脳みそに汗をかいて働く

（1）捨身飼虎

　　経営者の働き方はこの言葉に表される。自身を腹ぺこの虎に食わせた釈迦の姿のように、身を捨ててこそ経営の実りが上がる。夢は叶えるものである。経営者は夢を形にして事業をやりきらないといけない天命に身を託したことになる。覚悟を持ち、その覚悟を社員と共有することに没頭し、誰よりも脳みそに汗をかいて働くのが経営者である。

　　ここで必要なものは企業理念である。中小企業でもある程度の規模となると、ほとんどの会社で経営理念が作成されている。ただし、経営理念は額縁に飾っておくものではない。いつも経営者が社員に問いかけるものである。社員に問いかける以上は、経営者自らに跳ね返り、自身の生き方が正しいかを問われていると考えるべきである。

　　経営者は生身の人間である。責任が重い立場であるから健康管理に十分に気を付けることは当然である。病気になったり、精神的におかしくなれば、会社は間違いなく傾く。経営者が元気に働くためには、家族との時間を作ることが必要である。経営者が幸せを感じて前向きに仕事を進める姿を見せることで、社員も前向きに仕事をするようになる。経営者がいつも疲れて愚痴ばかり言っていたら、会社の雰囲気が悪化して社員もやる気を失い、業績は悪化するだろう。社員は、もちろん会社のことも

考えているが、大前提として生活できる給与を得るため、家族を守るために働くのだ。経営者は、そのような社員の心情に甘えてはいけない。

「努力、忍耐そしてまた努力」とは、ある経営者の突然の死に対して、友人代表の経営者による弔事である。友人の経営者が語る彼の一生は努力と忍耐であった。社員が号泣している。ともに人生を歩んでくれた大切な人の死を心から悲しんでいる。事業の関係者だけでなく、地域の住民や秘書も連れずに1人で来た政治家もいる。残された家族は事業の継続を誓っている。

後継者が先代の想いをきちんと引き継いでいけるかどうかが勝負である。なってみて初めてわかる社長業の大変さ。後継者は先代の宿命を背負うことになる。こうした時に、経営理念が日頃から会社の中で本当に定着しているか否かの違いが出てくる。

社長とは・・・（日本政策金融公庫のお客様の言葉より）

・野心と好奇心を誰よりも強く持ち、1年365日のうち正月休み以外は会社にいる人。ネガティブな問題もポジティブに考えられる人
・社長とは「コーディネーター」。全責任を取らなければならない立場にあることを認識したうえで、実際には自分で意思決定しても、（コーディネーターを装い）社員の意見をよく聞くことが大事
・人は失敗して育つもの。会社が存続していくために、会社を動かす人（社員）を育てること。そのための体力と忍耐力が必要
・社長とは社員に気持ち良く働いてもらうための役割を持つ人。思い上がることなく、すべての場面で「人の役に立つ」ことを第一に考える。ここで言う「人」とは、顧客と社員の両方

（2）経営者の器（経営はボランティアではない）

　　借金をどれだけ背負えるかは経営者の器である。要はバランスシートをよく見て、資産と借入金のバランスが適切に保たれていれば良い。借入金をしたくないという考え方も当然あり、その場合は事業用資産をなるべく持たずに、事業規模をコンパクトにまとめるような経営をすれば良い。貸借対照表には、経営者の力量や社員の力、取引先や金融機関の支援態度等が凝縮されている。業績良好な会社の貸借対照表には、利益の蓄積の結果として自己資本が確保され、事業の発展のために必要な借入金

も程良く共存している。借金も財産のうちと腹をくくっている経営者も多くいて、売上規模の多寡だけではなく、勝負している市場や業態によって借入金の必要額も異なる。

　このように考えてみると、金融機関との信頼関係を維持することは事業の継続上、非常に大切である。借入金利だけを比較して、目先のコストだけで金融機関毎の取引条件をちょくちょく見直している経営者がいるが、それは経理担当者の仕事であって、経営者の仕事ではない。細かいところに目が行き届くことは重要である。しかし、気が付いていることを、そのまますべてにわたって即実行しすぎる社長は要注意である。中小企業経営は大企業の経営とは違って、4半期単位レベルで常に数字で勝負しているわけではないのである。

　一方、おおざっぱな経営者も要注意である。人を信じるのは良いが、チェックを社員任せにするのは良くない。会社のお金や実印の管理はとても重要である。社員に重要な手続きを単独で任せることは大変危険で不正なことをしてもわからないという空気を生んでしまう。

　経営者は中小企業経営の現場のど真ん中に立ち尽くして、深く本質まで考え抜き、一心不乱に行動する姿勢が必要だ。何事も、うまくいく場合もあればいかない場合もある。「問題が起きてから考える」くらいの腹の決め方が良い。克服経験を積み重ねてきた経営者は、問題が

第4の習慣：誰よりも脳みそに汗をかいて働く

起きても慌てたりしない。過去の成功体験への驕りが判断を狂わせることも知っている。

経営者の器とはトップが醸し出す雰囲気とも言え、それが社風になる。経営者が今ある時間で必死に考え行動することで、その時に持っている自分の力を出し切ることができる。

某社の行動理念

・原理原則に従い基本通りにやる
・自らの最善を尽くす
・発想の転換を図る

（3）あきらめるな、他人を動かす

１９歳で父親の会社が倒産し、辛酸をなめ尽くした人がいる。自ら事業を立ち上げて以降、何かに突き動かされるように異次元のスピードで経営を進めてきた。中小企業経営には事業規模を追求する場合と、ニッチな分野で差別化を進める場合の２パターンに分かれることが多いように思うが、この経営者の場合は徹底的に人を集めて事業を拡大しているのが特徴だ。

利益が出たら人をスカウトする。利益は人に投資する。どこかに優秀な人材はいないか、自社のこの部分を任せられる人はいないかと常に探している。人を信頼し、人

を動かす。これは、という人材はどんどんスカウトする。それがまた成長を加速させて、いまや年商１０００億円を超えた。信頼と傾聴と権限の委任。コンプライアンス体制をしっかりと作りつつ、未来に向かって全速力で駆け抜けて、その視線は世界中に向いている。大企業の経営者とも自信を持って対等に話をする。ビジネスの成功に大企業も中小企業もない。あるのは、その先に一歩でも早く到達しようとする意欲が高いか低いかだけである。

　「危機感を持て」。経営者が社員に対してよく使う言葉である。しかし、社長業の大変さは実際に経営に全責任を持った身でないと到底理解できないものである。社長が危機感を連発すれば不安で社員は委縮するだけであり、また、不安を訴えるだけでは社員はそっぽを向いてしまう。社員が具体的にどのように行動すれば良いかを指示できる社長は、リーダーシップを発揮していると言える。会社を取り巻く状況や世の中の動き等の大きな話をしながらも、社員が対応しなくてはいけない小さな話に落とし込んで指示ができれば、社員も使命感を持って働くようになる。「会社のために何をしなければならないか」が理解できると、自然と組織は動き出す。

> column　自らを励ます言葉

「おい、悪魔（おいあくま）」
お̇こるな、い̇ばるな、あ̇せるな、く̇さるな、ま̇けるな
堀田庄三氏（昭和期の銀行家、住友銀行元頭取）が
好んで使った人生訓である。

（4）社長は親になれ、父親の背中と母親の膝

　経営者は社員にしっかり目的意識を持って働いてもらいたいと考える。一方、社員は会社が安定して事業を行っているかについて、強い不安を持っている。その中でも、自ら燃える社員は、言わなくとも勝手に頑張って成果を出す。「言わなくてもできる人」である。言われて初めて頑張り、成果を出す人もいる。「言えばわかる人」である。しかし、多くの中小企業経営者の本音は、うちの社員は「言ってもできない人」ばかりと嘆いているのではないだろうか。

　しかし、言ってもできなかった人材をピカピカに磨き上げている経営者は、実は多くいるのである。こうした経営者は親になったつもりで社員を必死に教育している。彼らは言う。学歴がどんなに優秀でも、受け身でリスクを負いたがらない人が多い。しかし、勉強はできないかもしれないが、今後成長するのりしろがいっぱいある人もいて、ツボにはまると能力は無限大に伸びる。学歴は

劣るが、そんなことは関係ない。社員の持つ能力を最大限に伸ばしたもの勝ちである。

　経営者は、時には母親役を演じることも必要である。母親ははっきり厳しく指導できる。一方で、愛情をたくさん表現でき、安心感を与えられる。昔かたぎの親父のように俺についてこい、俺の背中を見ろ、と言うだけでは今の時代はうまくいかない。振り返ってみると社長の後ろから誰もついてこなかったと言うのでは笑い話にもならない。今の若い世代を引っ張るには、コミュニケーションが必要である。

　経営者の中には寡黙な人も多いが、経営者は社員に要点を語ることができれば良い。幹部社員が経営者の心を感じ取れるならば、そうした雰囲気が自然に会社全体に生まれてくるものである。信頼できる社外の人にアドバイスや研修をしてもらう機会を作ることも良いだろう。一歩ずつ目の前の課題を解決し、それを肥やしとして会社の成長を図ってもらいたい。

　一般的には経営の表舞台に出ているのは男性経営者の方が多いが、優秀な業績を上げている経営者の妻も女傑と呼ぶのにふさわしい人が多い。経営者夫婦は相互に重要なパートナーである。ある会社の専務は、夫である社長にこう言っている。「普通の人になるな。北の新地で一番モテる男と言われるくらいになってみたら」。浪速の春団治の世界のようだが、中小企業経営者を支えるの

第4の習慣：誰よりも脳みそに汗をかいて働く

は間違いなく男性を掌の上で動かしているような妻である。

（5）アイデア１０００本ノック

　食品関係の仕事は、安全衛生とかトレーサビリティ（生産・加工・流通・販売等の管理過程を明確にすること）が非常に厳しい。この業界のごくニッチな世界で研究に研究を重ねて業績を伸ばしている企業がある。

　アイデア１０００本ノックとは、同社の経営者が率先して自らに課しているアイデアを出す改善運動である。経営者は毎月３件がノルマで、社員は毎月１件以上のアイデアや改善提案を出さなければならない。全社で合わせると年間で約１０００件となる。アイデアを出すために社員用の図書館コーナーまで設置している。出された提案は全社でオープンにして評価する。社長は社員から出たアイデアにきちんとコメントするし、良いアイデアには報奨金を出す。成果が出るまで辛抱強く待つ。成果が出たら社員を誉めて、花を持たす。赤ペンを手に、今日も社長の社員への称賛の一言が会社を元気にする。

　業務日報を大事にする会社は多い。日報は無駄だという意見が多いことも承知しているが、中小企業では経営者と社員との重要なコミュニケーション手段として活用されている。

　工場の生産性を向上させるための工夫もある。現場の

社員がモノづくりに誇りを持って取り組んでいる会社は強い。ある会社の工場長はギターを片手に社歌を歌っていた。味のある歌い方だった。経営者の想いが乗り移って、社員全員が本気で社歌を歌っている。この会社では、自社の商品に愛称をつけるのが決まりだ。ユニークな愛称をつけるために社員が必死で考えている。何とも愉快な様子が目に浮かぶが、その会社の生産性は抜群で、とても元気が良い。

　工場の機械について、担当する社員が思い思いの名前をつけているケースもある。機械をまるでわが子のようにニックネームで呼び、どこか体調の悪いところがないか、いつも気を配るようになった。不良率は減少し、修繕のための費用も目に見えて減り、稼働率は逆に大幅に向上した。

（6）指揮官先頭

　中小企業の経営者は「指揮官先頭」を意識し、実践しなければならない。大企業は多数の社員を抱えていることから、後方の参謀本部に腰を据えて各部門から上がる報告を受け決裁しなければ、適宜的確に成果を出す活動はできない。しかし、中小企業の経営者は、各部門の業務内容を熟知して、その活動について適宜的確にリアルタイムで指示を出さなければならないので、常に先頭に立って陣頭指揮を執る気構えが必要である。

指揮官の役割とは、必ず現場にいること、見本になること、徹底して教育すること、会社の数字を作ることである。指揮官は時代とともに変化する要請や業務内容を見直し、時代を先読みして「舵を切る」先見性や判断力を養うことに常に取り組まなければならない。そのためには不断の努力が必要となり、誰よりも働くことになり、その責任の重さからも高い報酬を得る整合性が存在する。

> column　経営者に必要な能力

・変化を恐れない能力
・失敗を恐れない能力
・人の意見を受け入れる能力
・決断し、実行する能力
・自らの言葉で説明する能力
・土壇場でこそ発揮する能力
・自分の領域を開拓する能力
・社交性、情報収集能力

05 第5の習慣：ゴールの前にいる
（主役になる）

（1）経営者の直観力

　早起きを習慣とする経営者は多いが、1人で静かに考える時間を作ることは経営者にとって、とても重要なことである。

　早朝6時に出社するその社長の朝一番の仕事は会社周辺の掃除。特に商品倉庫の掃除は念入りだ。商品を1つずつ確認し、今日もありがとうと言いながら、商品1つ1つに挨拶をして回る。ある朝、商品が入っている箱から声が聞こえた。「あの会社には納入しないで・・・」納入先は、最近取引が膨らんできたある取引先だ。担当者に取引の状況をよく見ておくように伝え、商売の規模を少しずつ縮小していたところだった。半年後、その取引先が倒産してしまった。商品が話すわけがない。しかし、中小企業経営者にはこれに類した逸話は実はたくさんあるのだ。

　盲目の社長がいた。社長業は特に不自由だろうと思いながら面談したが、対面した瞬間にすべてを見抜かれたような感覚があった。必要な書類は隣で秘書が読み上げる。重要なことはテープに録音する。常にきちんと社員からの報告を聞いている。冷静な判断力を研ぎ澄ませ、信頼できる人物を見抜き、任せるところは任せてきちんとチェックしている。この経営者は心の目で常に現場の動きを把握できていた。

　経営は甘いものではない。成功の確率は、考えた時間

に比例して増えていく。流行りのことほど、後発で始めた事業で利益を出すことは困難である。軽い気持ちで大切な資金を浪費してはいけない。経営者の冷静な判断力の積み重ねが、優れた直観力となり、優良な財務力構築に至る。経営に自信を失っている時は隣の会社が良く見えるかもしれない。隣の芝生は人工芝に違いない。

（2）群れない経営

　異業種交流会では、多くの経営者が集まり経営談議に花が咲く。こうした会合の場で情報交換や経営の進め方について意見交換することは大変有意義である。自社の悩みを聞いてもらったり、他社の良い点を参考にして、明日の経営を元気良く切り盛りしてほしいと思う。経営者同士でないと話せないこともあるので、経験の浅い経営者は大いに先輩経営者に学ぶべきだと思う。巡り合わせを大切にして、学ぶ力を発揮できる経営者が伸びていく。

　一方、練達の経営者は、他の経営者の話を注意深く聞き、自分がこれからやるべきことを常に考えているように見える。小さな成功を戒めとし、他社の手が届かない、大きな成功を常に夢見ている。他社の経営の良いところは尊重しつつ自社の主体性を考えている。自社が行動すべき課題の優先順位を考えている。どうすればより高いところに行けて、より良い景色を見ることができるのか

を考え、翌朝にはすぐに社内に指示を出している。

　その仕事一筋で３０年、４０年という経営者はまことにたくましい。現場に常に顔を出して何かおかしいところはないかを探し、不要な出血を止めることに集中する。獲得できたキャッシュをいかに儲かる部門に集中して投資するかに真剣に取り組む。会社の「強み」を磨き込むことに全精力をつぎ込む。社員の創意工夫を引き出して生産性を高めるよう社員の自立性を高めていく。

　このくらいで良いだろうとか、自分や家族の生活はこれくらいまでならまかなえるからもういいや、という考え方もあると思う。ただ、１０人の経営者がいたら１人か２人くらい、こんなところで立ち止まりたくないという経営者もいる。厳しい環境変化に立ち向かっていく姿勢が強い経営者は、中堅の中小企業としてもう一歩ステップアップして伸びていく。

（３）ロの字型の会議（ミス撲滅と闘魂注入）

　ロの字型に机を配置して中心に社長が陣取る。社長から見て右側から成績順に並ぶこの会議は、事実をもとに自社で定めた目標が達成できた理由、できなかった理由を社長が徹底的に詰める。不振であったエリア長は、悔し涙にくれて自分の営業所に帰っていく。中小企業経営者の叱責は強烈である。しかし、叱責の底に愛情ある一言を必ずかけることができるのが、優れた経営者と言え

る。社長の愛情を感じると、社員は「次はきっと挽回してみせる」と固く誓うようになる。どんなにののしられても、フォローがうまい社長がいる。結局、この社長のために頑張ってしまう。そう思わせる人がプロの経営者だ。

　会議の長い会社は多い。社長の独演会や報告、社員の言い訳ばかりで発展性が見えない会議は、実は多いのではなかろうか。会議のための会議は何の成果もないと考える人は多いのに、なかなか改善できない。

　４０周年を迎えたある会社は会議を刷新した。やり方は単純だが明快である。１つめ、会議は収益を生み出す場であると宣言した。目的を絞り、会議の検討テーマにふさわしい名前をつけて会議を始めることにした。２つめ、議長は社長として、どうしたら正しく儲かるかを徹底的に議論するように仕向ける。社員は自らの担当分野の結論を持って会議に臨み、１件１５分以内に会社としての結論を出す。３つめ、その場で出した結論は即実行する。難しいことにはチャレンジするが、実行不可能なことは議題にしないというルールも決めた。「会社全体のために」という姿勢が徹底され、会社の人事評価以外はすべてオープンになった。

　同じ情報を持てば、人は同じ判断に至るものである。経営者と社員の考え方が一致すれば、後は即行動である。計画も完成度７０％くらいで良い。経営者が判断を早く

して即実行し、責任は経営者が取る。これが中小企業経営の強みである。

　失敗は成功の母である。会議で出した結論がすべて成功するわけではない。ほどほどに失敗する経営者が会社を大きくできる。練達の経営者となると、ほどほどの失敗をいとわない。数字が、資金繰りが頭に入っているから、どのくらいまで失敗してもいいかわかっている。

> **column　某社の部下育成の基本方針７か条**

・成功体験（疑似成功体験）をさせる
・小さいレベルから効力感（自分にもできる）を
　感じさせる
・徐々にレベルを上げる
・基本を身に着かせる（習慣化する）
・見本、モデル、本物を見せる
・任せる、自分でやらせる（権限移譲）、そして待つ
・２０％増しの仕事を与える（チャンスを与える）

（4）利益を出す会社の先行管理

　先行管理とは、目標を達成するために十分に準備を行うことを意味する。数字の背景を知り、適切な手段で対策を打っていくことが経営では大事だ。売上は大切だが、利益が出てくると会社は元気になる。利益が出ない会社

は、社員の士気が上がらず知らないうちに無駄な費用を払っていることが多い。不要な費用はないか、経営者は目を光らせなければならない。製造業の場合では、受注状況を十分に把握しないまま、営業は営業、工場は工場といった縦割り状態で、しかも確たる根拠なしで習慣のように生産を続けてしまうことがある。無駄な経費がかかるし、結果としてミスも発生しやすい。現場に緊張感がなくなってしまうからだ。

　１つ１つの原価をきちんと把握できていないと、利益が出ない、資金繰りが安定しない、顧客の数が増えない、固定客からの値引き要請にもきめ細かな対応が必要になる等、しんどい状態になる。適正な原価計算があってこそ良い値段で販売できる。どこまで値引くと赤字になるかの「デッドライン単価」を作り込んでいる会社もある。この値段を下回る単価では商売しないと取引先に宣言している。数字をきちんと管理する会社には程良い緊張感がありミスも少ない。データを扱う際には、きちんとした物差しが必要である。

　先んずれば人を制す。多くの会社は過去の数字を事後的に管理しているが、過去の数字は変えられないものだ。変えられる数字は将来の数字であり、これを管理することが重要である。まず、３か月間を正確に予測できるように社内体制を組む。先行管理は３か月が基本である。これが定着すれば、営業・生産の問題点が明らかになっ

てくる。利益計画も立てやすくなって、資金繰りも改善する。資金繰りについての先行管理は1年くらい見ておかないといけない。取引金融機関とは、利益計画をもとにあらかじめ1年間の借入時期と借入金額について相談し、事業計画に織り込んで提出しておくと良い。1年間の調達予定がつけば、少なくとも1年間の倒産はない。

（5）利益にこだわる（明確な指針を持つ）

　　仕入先を大切にしなさいとの古くからの教えがある。「利はもとにある」ので業績の良い会社は仕入が上手で、販売先からも喜ばれるので、「三方良し」となっている。利益は会社の存続や成長には欠かせないものなので、経営計画の策定は必要な利益水準を考えて、まず利益から立てるようにする考え方もある。

　値引は、利益の減少であり、社員のやる気も吸い取る。得意先にとってはWINだが、自社によってはLOSE、つまりWIN－LOSEの関係となる。人間誰しも、潜在的に負けた（負けさせられた）という気持ちがあると楽しく仕事ができない。一方が損する取引は決して長続きしない。WIN－WINとは双方が利益を得られ、満足したうえで結ばれた契約の形態を言う。厳しくとも正当な対価を得られるように説得し、それでも値段が通らないのであれば、取引は行うべきではない。

　毎月の残高試算表を黒字にすることがスタートになる。

毎月黒字を積み上げていけば、立派な決算書ができる。月次決算の目的は４つある。①損益と資金の実態を正確に把握する、②部門業績を把握して部門長が自主的に改善評価する、③数字と経営のわかる幹部社員を育成する、④年度計画と実績対比を即座に行い、計画未達の対策を遺漏なく行うことである。鮮度が落ちる月次決算には意味がない。不正確な情報をもとに行われる指示は、業績向上に向けた正しい行動に移れないばかりか、社員のモチベーションを保ちにくい。

column　中小企業における必要利益の考え方（３つの観点）

① 借入金返済のための必要利益
　　現在の長期借入金残高の安定した償還に見合う必要利益の検討
Ａ：毎年の設備投資に必要な金額
Ｂ：長期借入金残高を７～１０年程度で返済するための所要金額
Ｃ：目標利益＝経常利益×５０％（税金等）＋減価償却費
Ｃ(目標利益)＞Ａ（投資額）＋Ｂ（借入金年間返済額）
② 使っている資産から見た必要利益
　　使用総資本経常利益率（投下資本に対する経常利益の割合）
　　＝経常利益÷使用総資本

＝経常利益/売上×売上/使用総資本
　最低維持レベル（１％）～良好レベル（５％）～
　目標レベル（１０％）
③　働く人の福利向上のための必要利益
　社員１人当たりの経常利益が月１０万円で、
　社員数１０人の場合
　　１０万円×１０人×１２か月＝１，２００万円

（６）管理会計を活用する

　「食べ物屋はおいしくないとダメ、洋服屋はファッション性がないとダメ」。これはある著名なコンサルタントの至言である。商売の根本は会計では解決できないだろうが、会計で会社を強くすることはできる。細かい在庫管理や工程管理が必要である製造業者であれば、管理会計を活用したい。小規模な小売、卸売業者も財務会計のソフトを利用して行うことが効率的であると同時に、間違いの防止にもなる。自社の基本的な計数管理にエクセルを使っている会社は多いと思うが、計数管理がうまくいくか否かは、重要な数字にどれだけ近付けるかによる。データを結果として二重に登録したり、データ間の連携が乏しいと成果に繋がりにくい。勘定科目１つを取っても、クラウド系のソフトを活用すれば、担当者別、地域別、日時別、取引相手別等の多数の情報を一元化し、俯瞰して管理できる。データのオンパレードでは的が絞り

切れないので、重要な数字の背景を正確につかめるように、経理システムも常にレベルアップを図ることで管理会計活用の習慣が身に着いてくる。

　経営者はデータ管理の体制が整ってきたら数字の整理（作業）は担当者に任せて、どうやったら顧客が増えるか、どうやったら品質を落とさずに利益を出せるかという部分に時間を割く必要がある。利益の源は売上であり、売上の源は顧客であり、顧客の満足度をいかに上げるかに一番時間をかける必要がある。

　経営者が管理しなければならない数字は、計画の数字である。自社で最も大切な数字が何かを考え抜いて計画を作り、計画の数字と実際の数字がかい離した時に、どうすれば計画の数字を達成できるかを考えることである。ただ社員の尻を叩いても数字は上がらない。計画の数字を担当者任せにしていると、上半期末の会議では「下半期に頑張ります」というような具体性に欠ける議論になりがちである。経営者や幹部が同じ意識で作り込んだ計画が、良い計画である。

100

06 第6の習慣：
志を持ち、活きたお金を使う

（1）同じように売っても違いが出る

　売上というものは、上下しながら徐々に増えていくか、逆に徐々に減っていくものである。これを基本傾向線と言うが、基本傾向線を大きく上回るような売上を出すには、今までと違う戦略が必要である。仕入は、今の顧客を頭に浮かべて、売れると思う商品を中心に揃えることが重要で、売れ残りを出さないことを前提に仕入を行えば、資金繰りもきつくなることはない。

　経営者は売上を自社の商品（製品）の販売結果だと当然とらえるが、社員は商品（製品）ではなく、単なる材料や部品や素材という見方になっている場合がある。右から左へ自分の担当分野の範囲内で安くさばけば売上は立つ。売上さえ伸ばせば評価されるとなれば、社員の仕事は材料を右から左へ動かす商社マンのように変貌するだろう。これでは売上は伸びるかもしれないが付加価値が低下し、自社の特徴を自ら捨ててしまうことと一緒で危険である。

　モノが売れない時代には、もう１つ知恵を絞ってそれが付加価値の高い商品（製品）であることを主張できないと販売競争に負けてしまう。他社よりも良い提案ができないと、新規取引先は取れない。特徴が出る仕組みを社内で作ることができる会社は、他社の気付かない小さな池（顧客ニーズ）を探すのが得意だ。同じモノを売っても他社の１.５倍も２倍も売ることができる。

> **column　売上は基本傾向線で見る**
>
> ・１期分の毎月の売上をグラフ化し、３期分重ねて見る
> ・その折れ線グラフの中心に直線を引いてみる
> 　（→基本傾向線）
> ・減少傾向が３か月続いた場合には、大きな問題が発生しているので今までとは違う対策を立てる
> ・得意先別、商品別、部門別等の数字について、その月から１２か月遡った金額の合計をグラフ化して傾向を把握する

（２）労務管理

　削減対象となる経費の絞り込みに当たっては、対象費用ごとに削減目標を設定したうえで、確実に実施することが必要である。その際には、①売上増加に直接関与する費用か否か、②顧客満足に直接影響する費用か否か、③社員のモラルに直接影響する費用か否か、④管理可能費用か管理不能費用か、⑤長年の社内慣行ではないか、といった観点がいる。

　残業時間削減も同様で、まず受注量を見ながら翌月の残業予算を定める必要がある。その際、一方的に予算を決めるのではなく、工場の責任者等に頑張ればどのくらいの残業で済むか確認しておく必要がある。そして、それを達成することが会社の利益になるだけでなく、社員

の健康維持にも繋がることを全社員に説明しておく。途中で受注が増えた場合でも、どうすれば時間内に業務ができるか、営業社員はいつの納期であれば工場で残業しないで済むのか、理解させておくことで残業時間が減らせる。また、顧客の要望に１００％答えるのは無理な場合があることも、社内で真剣に検討すべきである。顧客の要求度合いのレベルは上方修正されることが常だからである。しかし、現場の社員にこうした判断を一任してしまうと、社員は疲弊して組織が暗くなる。

　社内のルールは労働法に準拠してしっかり作り込んでおくことである。これからの中小企業には情熱や執念に加えて遵法が必要となる。どうしても会社のルールが守れない社員がいたら、辞めてもらうべきだろう。悪貨は良貨を駆逐するとの言葉がある。悪い芽は早期に摘み取るべきである。社員をクビにすることはベテランの経営者でも悩み抜く問題であるが、それでも決断すべきこともある。労働時間管理に手を抜くと労働コストは上昇する一方となり、労務管理ができていない会社として公表されると死活問題となる。一方、優秀で辞めてほしくない社員ほど転職しやすい。必ず引き留めておきたい社員には、会社が期待していることを直接伝えて、やりがいのある仕事を任せることが重要である。

（3） 製造現場は宝の山

　製造業にとっては、工場の現場こそが付加価値の源泉である。最近は多品種小ロット受注が多くなっており、製造工程では生産する時間より段取り替えする時間の方が長くなることが多く、生産性はなかなか上がりにくくなっている。また、機械設備の性能が向上している反面で、現場作業を担当する工員の作業内容が多能工化し複雑化することで、人間の判断よりも機械操作が優先し職場のストレスが増大する傾向が見られる。こうした状況で不良品発生が多発すると会社は儲けることができない。

　製造現場における不良の大半は単純な人為的なもので、注意深く作業を行えば防げるものがほとんどである。大事なことは、社員の意識改革と、それを持続するための方法である。不良が出た場合には、①どこが不良なのか、②どの工程で発生したのか、③その原因は何か、④誰が原因なのかを把握する。原因がわかるまでは、一旦作業を止めて原因を把握する必要がある。そうすることで、同じミスを防ぎ、ミスが起きることの大変さを社員に理解させることができる。責任の所在を明らかにすることは、２度目の発生率を下げるために重要である。ただし、ミスをした社員を単純に責めてはいけない。その社員が行動基準を守らなくて起きたのか、守りたくても守れないほど多忙だったのか、あるいは、単なるポカミスなのか、しっかり把握しなくてはならない。

次に対処法を考えるが、難しい対処法では長続きしない。シンプルであること、そして、その方法が常に行われているかをチェックする（形に残す）ことが重要である。ペナルティを課すと、何かミスが起こっても隠すようになってしまうので、ミスはミスとして反省してもらい、習熟度管理表等を作成し、よくできた社員を誉める制度を作る（例えば、半年間全くミスがなかったら金一封を渡す）ことの方が、モチベーションアップに繋がる。

　不良品の発生原因はとにかく早く解決することが重要である。チェックシートを必ず作成して、チェックが終了してから次工程に回さなければならない。チェック項目は、不良項目、不良場所・時間、その原因を機械毎、あるいは担当毎に作成する。これを確実に実行し、監督者がしっかりチェックすることによって、不良品の発生率は下げることができる。

　また、不良の許容範囲を決めて不良の要因を分析し、その対策を社員が行うことを習慣化しなければならない。社員自身が品質パトロールを交替で行っている会社も多い。

column　問題の解決方法

問題点を書き出す→グループ別にして問題点を特定する→要因を分析して対策を立てる→対策を実施する→実施結果を確認・評価する→標準化とヨコ展開を行う

(4) 5S活動

　地味な活動であるが、5S活動（整理・整頓・清掃・清潔・躾）の導入をおすすめしたい。丁寧に1つ1つの基本動作を確認する過程で、経営者と現場の社員との間に多くの共通認識が生まれる事例が見られる。加工業を行う会社では、中小企業基盤整備機構の専門家派遣制度を活用して5S活動に取り組んでいる。社内の横断的なミーティングが増え、互いを理解しようという気持ちが生まれてきた。成果発表会には取引金融機関を招き、励ましの言葉をもらって社員が奮起した。以前の現場では各種の機械や部品等が点在していたが、社内では常識で通ってきたことが実は間違っていると指摘されて気付きが多かった。

　専門家を依頼する際には会社の改善速度を意識して、無理して引っ張らず伴走型で対応できる人が適役だろう。最初はぎくしゃくすることもあるが、社員自らが体を動かしながら意見交換することで、健全な競争意識が芽生えて前向きな雰囲気が出てくる。小集団の活動が現場を元気にする。5S活動が定着すると、生産性を測定する指標を自社で開発することができる。動かないと人生損だと感じる社員が増えてくる。会社を良くしようと社員が自発的に動き出す。5S活動は単に整理整頓を進める運動ではない。取り組む社員の意識を変えることができるのが、本当の5S活動である。

5S活動の効果

	一般的な定義
整理 Seiri	必要なものと不要なものに区分し、不要なものを処分する
整頓 Seiton	必要なものがすぐ取り出せる置き場所、置き方を決める
清掃 Seiso	身の廻りのものや機械設備をきれいに掃除し、細部まで点検する
清潔 Seiketsu	整理、整頓、清掃を徹底して実行し、汚れのないきれいな状態を維持する
躾 Shitsuke	決められたことを決められたとおりに実行できるよう習慣付ける

(5) 適正価格で見積もる

　見積もりを正確に行うには、原価を正確に把握することがスタートとなる。発注ロット当たりの見積もりを計算するには、材料費、加工費、そして一般管理費を合計する。材料費は、実際に使用する材料について標準使用量、スクラップ量を合わせて計算する。加工費は、工程上必要な作業時間、機械の制約等から生じる不稼働時間や労働時間等を勘案して標準工数をもとに加工単価を考えることが多い。その際、実際に製造している時間だけでなく、段取りの時間や取り出したり、並べたりする作

業時間も含めて計算する必要がある。納期が短く、残業しなければ間に合わないような発注をしてくる取引先に対しては、加工単価を高めに設定しておく。最初から細かく考えすぎないで、できる範囲内で始めてみたい。

　精密金型を製造しているある会社では、極めて詳細な見積書を提示して取引先の信頼を獲得している。取引先の製造工程の全体を短縮する提案をしながら、自社により多くの仕事が入ってくるように技術を常に磨いている。取引先の購買担当者も、上司にしっかり説明できる資料であれば、仮に見積もりどおりといかなくとも事情を理解して、多少の値上げに応じてくれる可能性が高くなり、次回の発注の際に考慮してもらえることもある。

　適正価格で見積もることは、資金繰りにも生きてくる。在庫を増やしても資金は増えないし、無駄に社員を働かせても資金は増えない。不急の製品は作らず、整理整頓と生産効率化のための教育をすることの方が重要である。工場の作業は売上見通しに基づいて行い、多忙な時に備えて外注先を確保しつつ、なるべく自社製作できる製品の受注を増やす。

（6）補助金を活用する

　地方創生の時代である。政策ニーズに合致した会社の取り組みは高く評価され、ついでに資金もついてきて、財務力強化に貢献する。ある会社では、官公庁や自治体

は自社のお客であると定義している。政策的な意図に合致したニーズを先取りすることで、企業体質の強化に繋がる。

　国や地方公共団体等の制度をうまく活用して人材育成もしながら、常に新しいビジネスモデルを追求する中小企業経営者が増えている。事業の力は決算書上では営業利益で見ることが多いが、補助金は決算書には「雑収入」とか「特別利益」と記載され、これも利益の１つである。制度を提供する官の機関からすれば、制度の趣旨をよく理解し、他の会社の模範になるくらい上手に補助金を活用してくれる経営者は大歓迎である。経営者本人がこうした制度を熟知するのはなかなか難しいことだが、顧問税理士や担当する金融機関の職員に質問を投げかけておくだけで、今後の事業戦略に幅が出てくる。ただし補助金は雑収入確保のためのものではないし、小手先の利益を上げるための道具でもない。自社の事業基盤を強化し、向かうべき方向性を考えるためのものだ。このようなことについてきちんとしたアドバイスができる人材がいる会社は、金のわらじを履いたようなものだ。

　ＪＥＴＲＯ（ジェトロ・日本貿易振興機構）、中小企業基盤整備機構、商工会議所等の支援機関を上手に活用している会社が増えている。優秀な職員がいて、志の高い専門家が集まっている。大企業の役員クラスを最後に退職したが、地域経済社会のために自分が培ってきた人

脈を地域の中小企業経営者の幸せのために活用したいと思って再就職してきた専門家が多くいるのだ。

　国の制度や補助金は、中小企業経営者が底力を発揮できる環境整備をするためにある。例えば、「中小企業等経営強化法」に基づく経営革新制度はその会社にとって新しい取り組みであれば認定される可能性が出てくる。新しい機械設備の購入でも良いし、自社オリジナルの製作工程の工夫に伴う活動でも良い。認定企業には各種の特典があり、融資条件も有利になる可能性がある。会社の知名度も上がり、社員が誇りを持つようになる。最近では「経営力向上計画」を策定する企業も増えてきた。中小企業庁のホームページには中小企業者を応援する制度が数多く掲載されている。

07 第7の習慣：卵を盛る器
（自分の器以上には会社は大きくならない）

（1）何度も死にかけた経営者

　倒れたところが良かった。駅のホームやゴルフ場の受付等。もし倒れたらこの薬を飲ませてほしいとか、あそこの医者に連れて行ってほしいとか、そんなことが書いてある札をいつも首に下げていた。主治医は、一流の病院の先生方。脳や内臓の各分野の権威と交際し、何かあったら優先して診てもらえるようにしていた。長い時間をかけてこうした人間関係を作ることは、経営者の大切な行動の１つである。この病気にはこの先生が良いといった情報は、経営者同士のネットワークの中で聞き出すのが良い。経営者が倒れたら、困る人がたくさんいるのだから。

　経営者自身の心のマネジメントも重要である。座禅を組む、あるいは優秀な経営者の話を聞く等、心気を充実することに時間を取りたいものだ。経営者は会社にとって最も運の良い人でないといけない。それには結果責任に対する胆力が必要であるが、腹の大きな経営者は会社に大きな運気を呼び込むことができる。

　毎年、必ず遺書を書き直す社長がいる。車を運転することが多く、ボディーが堅牢な車を選んでいる。もしも自分が今年死んだらこうせよ、と遺言することで、後顧の憂いなく頑張れると言う。人間だから今日突然死ぬかもしれない。当面の課題とか中長期の課題について優先順位をつけて整理し、対応策を明確に指示しておくことがとても重要である。自身が経営課題として取り組むこ

との整理にも役立つ。自社の重要な経営課題とその対策について紙に残しておくことで、後継者には経営者の想いが伝わるだろう。普段からこうしたことについて折に触れて話ができ、後事を託せる人材を育てておかなければならない。

(2) ベンチマークを持つこと

　ベンチマークとは経営分析的な視点で言うと、他社の優れたところを学び、それを基準として自らの業務や経営を改善する手法である。変化に対応する力や社内における人材育成は、中小企業経営の安定・躍進に不可欠なものである。社長だけがやみくもに突き進んでも成果は出ない。社長と社員が自社の目標となる、はっきりとしたベンチマーク企業を持つことをおすすめしたい。信用調査レポート等を取り寄せて目標とする会社の徹底分析を行い、特にその会社が成長してきたストーリーを把握することが参考になる。信用調査レポートは評点しか見ていないケースがあるかと思うが、それはもったいないことである。専門家が多様な角度から判断して記載しているものなので、信用調査会社に内容について質問すると理解が深まることがある。

　業界トップと目される大企業の有価証券報告書を丹念に分析することも効果がある。業界のリーダー企業が何を考えているのか、どのような戦略で事業を行ってきた

のか、今後どのような方向性を考えているのか、その結果どのような状況になると予想されるのかを検討することは大きな意味がある。１０年程度の決算を横に並べて見ると、当該企業の歴史やその時々の課題にどのように対応してきたかが理解できる。自社の戦略を考える際には大いに参考になる。

　経営が苦境に立った時に備えて、経営者は普段から心を磨いておかなければならない。トップが心をしっかり磨く習慣を持つ会社は、苦境に陥ったとしてもいずれ回復する。異業種の優れた経営者に師事することもベンチマークを持つことと同じである。読書も良い。読書は幅広い創造力を掻き立ててくれる。自分が体験していないことでも先達の教えを学ぶことで、危機においても泰然とすることができる。

（3）経営者の人心掌握術

　良い時はおごり、調子の良くない時は世間や景気のせいにする経営者に時々出会う。生身の人間であるから、そうした心境になることはやむを得ないとは思うが、経営者は常に学ぶべきだ。謙虚に生き、その経営に対する真摯な姿勢や具体的な成果が世の中の方向と一致することで、多くの人から尊敬されるようになる。

　社員を家族同様に思う気持ちが、事業を飛躍させる原動力となることがある。事業は順調な時ばかりではなく、

ギリギリまで追いつめられることもある。経営が赤字になった時に、最後に助けてくれるのは社員であり、赤字になっても懸命に働いてくれる社員の存在が、会社の財産である。

　叱り方が上手な経営者がいる。社員を認めたうえで、具体的な行動や事実をもとにさらなる修正点を示し、成功したら一緒に心から喜ぶ経営者には、多くの人心・運気が集まる。ある経営者は、叱る時間は３分以内と決めている。それ以上長く叱ると、不満をぶつけ感情的に怒っているように伝わってしまうことを恐れているからだと言う。「こうあるべきだ」と言うのはたやすいが、攻撃するニュアンスを含むと社員を委縮させてしまいがちだ。９割は誉めて１割の叱りを活かすことを、日々実践している経営者が社員の心をつかむ。これは経営者が自らに課す訓練であり、習慣だと考えても良い。

column　部下にさせてはいけない仕事

・最初から赤字となるとわかっている仕事
・許可のない出張、残業、休日出勤
・本来取引先の仕事である作業
・承認フロー（業務における上長の承認が必要なプロセス）を守らない作業
・不正な利益供与

（4）儲けている会社とだけ取引する

　ある経営者の口癖であった。その会社は実質無借金の状態を続ける高収益企業で、自己資本比率は８割を超えていた。工場はお世辞にもハイテクではなく、むしろローテクに近く中古機械や中古パソコンが活躍していた。経営者のポリシーは明確で、必要な機能が十分であれば新品の機械を買う必要はないと判断していた。技術力を蓄積していたので、簡単な機械や治具はほとんど自社で作ってしまう。不要なコストは極力圧縮し、コストパフォーマンスを追求し、見栄は張らない。実は営業力が凄かったことに加えて、作っている商品も強かった。商品力が弱いと取引先の言いなりになりやすく、値下げ要請もまかり通るようになる。そのうえ、商品アイテムが増加し、複雑な注文が増加する等、良いところがなくなる。本当に強い商品を作ることに集中し、営業を強化する。固定的なコストは極力圧縮する。強い会社の経営はシンプルだ。

　ＩＴを駆使してリアルタイムで儲けを把握できる時代である。規模が大きくて組織が複雑な大企業より、むしろ中小企業の方がこうしたシステム対応に有利な時代である。どの項目を管理し、どの項目を省くのか。ＩＴを駆使して経営のスピードを上げている会社は、常に経営者が強い危機感を持っており、自社の強みを徹底的に吟味して小さな「見える化」を一歩ずつ積み重ね、市場と

繋がる努力を続けている。ITデータを活用することで、①コスト削減、②収益向上、③在庫最適化、④社員の意識改革、⑤顧客満足度向上、等のヒントが得られる。

（5）踏ん張る力

リーマンショックの時、多くの中小企業で突然売上がなくなった。売上がなければ、原材料の支払いができない、社員に給料を払うことができない、行き着く先は倒産か・・・。これは恐怖である。そんな時に、泰然と自社の経営を見直す経営者たちがいた。快男児、私が尊敬の気持ちを込めてそう呼んでいる、ある経営者もその１人であった。彼は社員全員集めて言った。「今日からは合宿だ。グループごとに会社に泊まり込んでほしい」。工場で始めたのは機械の分解掃除だった。大がかりなラインを順番に分解し掃除して、また組み立て始めたのだ。最初は怪訝そうにしていた社員たちも、次第に面白くなり、夢中になって機械の分解掃除・組み立てに取り組み始めた。

３か月後、受注が回復し始めた時に意外なことが起こった。それまでは、同じ工場内にいて意思疎通ができているようで実はそうでもなく、細かい打ち合わせを頻繁に行っていた。しかし、機械の分解作業合宿以降は、阿吽の呼吸でどんどん自主的に仕事をさばくようになった。集団合宿でとことん話し合い、皆が一意団結する喜

びを感じられたことで、会社全体に強い一体感や使命感が共有され、いったん仕事が増えてくると、それまでには考えられないようなレベルで生産性が飛躍的に向上したのだ。

　経営者の思い切った決断が、会社を丸ごと変えてしまうことがある。厳しい環境変化の時ほど、会社の持つ文化や本来の力がどれほどなのかが試される。この会社の場合は、強烈な危機意識を全社で共有するために、地道な機械の分解修繕に取り組み、「受注が回復した時は目にもの見せてやる」という強烈な意識を持つ集団を作り上げたのだ。この会社には親子で働いている社員も多数いる。地方都市の雇用は経営者や会社の評判が大きく影響する。あの社長は立派な人だと評判が立つと、自然に就職希望者が増えてくるものである。

社長の習慣

- 働くことは生きることである
- 夢は叶えるものである
- 人の心に貯金せよ
- 心配するな、命まで取られない

（6）金を追うな、仕事を追え

　経営者はある意味、金の亡者でもある。徹底的にお金にこだわらなければならない。お金に色はついていない

が、良いお金や役に立つお金と、そうでないお金は峻別して考えて、事業の役に立たないお金は徹底的に節約しないといけない。お金は無駄な使い方をすると悪さをするものだ。

　経営は世の中に役立つ商品やサービスを提供しているから成り立つ。ある経営者の言葉である。「中小企業経営とは、お客様から『ありがとう』と言っていただいたうえで、お金をいただくことです」。この社長は、会社は社員のためにあると心の底から思っている。そしてこの経営者は、余力のある時に打つべき手をすべて打つことを常に実行してきた。緻密な戦略の積み上げがなければ中小企業経営は成り立たない。

　各地に創業、起業しようと考える人が増えてきた。女性、シニア、学生等多様な考え方を持つ、新しいタイプの経営者に対するネットワーク構築が必要な時代だ。古い考え方の枠にはめず、物差し自体を変える柔軟性を発揮して、こうした新しい経営者層と連携することで、新事業の芽が見えてくるかもしれない。経営は常に新しいことを追いかけて、情報収集しながら自己革新を続けていくことで成長していく。成長とは人の役に立つことと同じで、相手に心から喜んでもらえることで仕事の価値が高まる。

08 第8の習慣:財務を磨き込む
(決断を支える財務の力)

（1）美しいバランスシート

　会社は赤字が出てもすぐには立往生しない。逆に黒字が出ていても、決済する資金がなくなれば終わりである。まず始めることは収益の確保であるが、そのための第一歩は意味のない無駄な出費を抑えることである。次に、適切な事業計画を立てて、毎月償却前経常利益を確保するように経営のＰＤＣＡを回さなければならない。支払いに関するルール決めも大事になってくる。例えば、設備支払手形、融通手形を絶対に切らないといったことである。また、金融機関と交渉して、一定範囲の借入金については常に借換え可能にしておくことができれば良い。金融情勢には繁閑が生じることがあり、今後貸し渋りが発生しないとは断言できない。中長期的には、支払手形の発行を止めることも検討すべきであろう。金融機関への返済が滞っても倒産には直結しないが、支払手形の不渡りは倒産に直結する。

　経営革新制度を活用して支払手形を５か年計画で全廃した会社がある。建設材料を扱うその会社は、典型的に支払手形を多く発行する業界で仕事をしている。支払手形をなくすためには自社だけの勝手な都合では済まない。仕入先との支払条件を調整する必要がある。また長期借入金の導入により、支払手形の発行額を漸次削減し、最終的に全廃に持っていくためには会社の利益獲得の仕組みが必要である。経営革新制度を使えば、こうした自社

の取り組み姿勢を対外的にアピールでき、金融機関との交渉がまとまれば、支払手形の全廃に向けたアプローチが始まる。

　美しい財務諸表、とりわけ美しい貸借対照表を作ることは大切である。流動資産では、受取手形や売掛金が約定期限内にきちんと回収できるものか、常に与信管理を行わなくてはならない。また在庫については販売できるものを持つことが重要で、販売見通しのないものは早期に処分できる収益力が必要である。こうしたことを経て、支払手形の圧縮や全廃に動くことができれば、筋肉質のバランスシートを作り上げることができる。仮払金や貸付金、立替金、未収金といった勘定科目も減らす方が良い。

　経営者がその生涯を打ち込んできた会社の姿を一番よく表すのが決算書であり、とりわけ貸借対照表である。貸借対照表は経営者自身の顔と言って良いくらい、経営者の人柄を表すものである。美しいバランスシートは日々の真摯な経営努力の積み重ねによって生まれる。

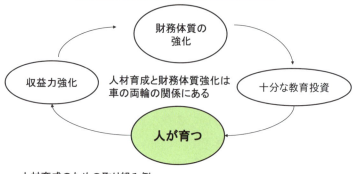

人材育成のための取り組み例
- 失敗ノート
- 社長通信
- 経営発表会
- 社員のアイデアに報奨金
- 報酬は信賞必罰
- 資格手当
- 研究開発費確保宣言
- △△研修費（売上の1％）

（2）財務力を磨くこと

　経営には失敗の繰り返しの中から、自社にしかない輝きのある商品を獲得するストーリーが必要だ。失敗から学ぶ経営を行うためには、財務力を磨き、いざという時にお金を引き出すことができる有形無形の財務力と信用力が必要だ。リスクを取るには、先立つものが必要であり、それが財務力である。決断すべきその時に備えて、普段から財務力を磨き上げる習慣を持っておくことが肝要である。

　財務力を磨くためには、まずは貸借対照表に計上されている有形の資産を磨く必要があるが、その前提とし

て、きちんと儲けるための仕組みを作ることが必要になる。そして、会社が永続的に存在するために、より大切になるのは「ノウハウの蓄積」や「知的財産」、「人材育成」等の無形の資産を増やすことであろう。人材育成と財務基盤の強化は車の両輪の関係にある。

金融機関から見ると、利益の使い方で経営者のセンスや本気の度合いがわかることがある。強い中小企業経営者は人材育成にとても熱心であり、会社のお金と個人のお金は峻別し、適切な（正しい）仕事をする。それで会社が社会の公器として取引先から高く評価され、希望の価格で取引することで利益を得ることができる。

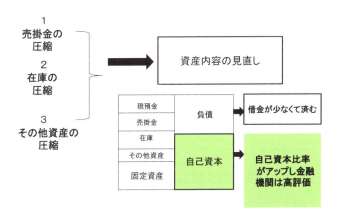

| column　財務の実態調べの手法 |

　財務の点検は、財務の圧縮から始まる。人間で言うと贅肉をそぎ落とし、余分な体脂肪を落としていくようなものである。売掛金や在庫を中心に点検し、無駄をそぎ落としていくことができれば、借入金を少なくすることができ、自己資本比率が向上し、取引金融機関からの評価も高めることができる。

・売掛金がすべて実在するかを確認する
　【売掛金年齢調べ】
・在庫はすべて商売に使えるか確認する【毎月実地棚卸】
・仮払金、貸付金勘定等は整理する
　【原則計上しない】
・不動産の含み損の把握と処置【税務対応】
・負債勘定を改善する【支払手形は早めにゼロにする】
・時価貸借対照表を作る
　【退職金債務等のオフバランス債務の存在を確認する】
・金融機関取引状況表を並べる
　【金融機関の本音を見抜く】

（補足説明）
①売掛金年齢表付売掛金管理表（年齢調べ）〈Ｐ１２９表〉
　回収遅延の原因を明確にして、回収のための対応策と

根拠を明確にする。売上債権が得意先別にきちんと円滑に回収されているかを点検する時に使う。アナログの手法だが、販売して回収までしないと営業は完結しないので、中途半端な形で放置されている売掛金を誰が責任者となって、いつまでに対応するのか、どう決着をつけるのかといった、会社の規律が問われる表である。

売掛金年齢表付売掛金管理表（年齢調べ）

得意先名	前月残高	当月売上			当月入金				当月残高	売掛金年齢					重点度	対応方針
		売上高	返品値引	純売上高	現金	受取手形	相殺	その他		一カ月	二カ月	三か月超	六か月超	一年超		
A社																
B社																
C社																
合計																

回収遅延原因を明確にして対応方針・責任者を決定する

②時価貸借対照表〈Ｐ１３０表〉

別名、清算バランスシートとも言い、仮に会社を店閉まいする時に負債を全部返すことができるのか、社員の退職金等も払った上でお金が残るのか、というある意味非常に厳しい資料だが、客観的に自社を見たい時に役立つ。会社の清算価値は、【清算時価資産】から負債金額

を控除して算出する。この際、負債金額にはオフバランスの負債（公租公課、労働債務〈退職金等〉）も見込んでおく。回収可能性のない不良債権等はこの段階で資産から控除する。売上債権のうち関係会社取引は回収ゼロ、在庫は２０％掛け（処分時価）等、リスク度合いに応じて厳しく査定する。清算価値とは、例えば会社を閉鎖（清算）した時の時価。死に金とは、会社の資産でありながら、なんら利益に貢献していない失敗投資を意味している。

時価貸借対照表の活用

【時価貸借対照表】（清算バランスシート）（資産の部の例）

	A簿価	B時価（再調達）	C時価（収益還元）	D清算価値	A−D（死に金）
流動資産					
現金預金					
受取手形					
売掛金					
棚卸資産					
未収金					
仮払・貸付等					
固定資産					
土地					
建物					
機械設備					
投資有価証券					
その他資産					
資産合計					

③金融機関取引状況表〈Ｐ１３１表〉

　長期にわたって時系列に作ると、銀行取引の傾向（貸増しているのか、あるいは引いているか）が明確になる。減少している場合は、どの金融機関が引き受けているのかとか、調達方法の変化についても確認する。借入総残

高は変わらないが、長期借入金残高が減って短期借入金残高が増加する場合は、厳しく見られている場合が多い。それは結局会社の業績が悪化しているからであり、また将来の姿を経営者が金融機関に適切に説明することができていない場合がほとんどである。各金融機関の取引バランスにも留意する。一時的に融資攻勢に出てきた金融機関との付き合いは長続きしない。金融機関取引は継続（信用）が大切であり、流行によって衣服を改めたりするようなものではない。

金融機関取引状況表

金融機関名 （店舗名）	預金	（うち固定 性預金）	長期借入金	社債	短期借入金	割引手形	合計
A金融機関							
B金融機関							
合計							

長期にわたって時系列に作ってみると、銀行取引の傾向が見えてくる。
・自社の収益状況を意識しながら、貸増、あるいは引いているか？
・年間返済分の折り返しに応じているか？
・長借残、短借残、割引残の総計が変わらなくても、その割合が変化することがある。借入総計は変わらないが、長借が減って、短借・割手が増加する場合は、金融機関から厳しく見られている場合が多い。
・取引金融機関の変化

(3) 良好なバランスシート（税理士目線と金融機関目線）

　決算書はそれを見る者の立場によって変わる。税理士の業務は、税務署等への適正な申告が業務の中心となる。金融機関は決算書を並べて同業者の売掛金回転期間との比較を行ったり、過去の在庫額との比較を行ったり、借金の推移を見たりして会社の業績を検討する。仮に粉飾が見つかれば融資が行われなくなるばかりか、条件緩和の依頼さえも拒否される可能性がある。信頼関係を会社から裏切ったわけだから、金融機関を批判することはできない。

　粉飾は金融機関の目線からすれば、リスクがあり過ぎて行うべきものではない。しっかりと経営改善計画書に則ってやるべき施策を実行したにも関わらず、円高等の管理不能な要因で一時的に悪化した場合では、これから回復することが見込まれるのであれば、金融機関も継続して支援をしてくれるはずである。

　税理士は難しい国家資格に合格するくらいだから、能力も辛抱強さもある。社会的使命は極めて重い。金融機関の職員も税理士に期待することは大きいのだ。経営者と税理士、金融機関職員相互のコミュニケーションに無駄があると、結局経営者が資金調達に苦労する。

　経営者の課題を同じ土俵で考えるには相当な勉強が必要だ。金融機関の職員には経営系の資格保有は必須だと思う。ＦＰ（ファイナンシャル・プランナー）や中小企

業診断士の資格等を勉強しておけば、経営者に対してとても良いアドバイスができるだろう。

（4）在庫のチェック

　生きている在庫は財庫という。死んでいる在庫は罪庫とも言う。動かず休んでいる在庫は、在るだけのスリーピング在庫と言う。キャラクター商品が爆発的にヒットした会社があった。夫婦で始めた商売で、あるアイデアが脚光を浴び、次々に注文が入ってきて、毎晩寝る間もないほど働いて商品を供給し続けた。ある時、注文が止まった。類似商品が自社商品より安価で攻勢に出てきたのだ。雑誌や新聞にベンチャーの旗手等とおだてられて、本業を真剣に考える時間を作ることができなかった。売れ残った商品は山積みされて倉庫にあり、会計上は黒字なのに現金がない、典型的な黒字倒産になった。

　倒産するとみじめである。もてはやしていた人たちが途端に敵に回り、自社の経営の問題点を後から辛辣にあげつらう記事がたくさん出た。成功の裏に忍び寄る暗闇の影、リスクは常につきまとっていることを、経営者は時に忘れることがある。透徹にモノを見ることができる精神状態を、常に維持することが大事である。

　同じキャラクター商品でも、多くの失敗を繰り返しながら、リバイバルの大ヒットを勝ち取った経営者もいる。両者の差は何か？経営者が真剣に経営改善や再建に取り

組む姿勢を金融機関が評価したことがポイントであった。経営者の真摯な姿勢が事業再生のために必要な融資に結びついた。経営者が事業のために考える時間が取れたか否かで結果が異なってしまった。

　在庫は、常に消費税を抜いて考え、在庫量の概略をつかんでおく。また、期中の業績を理解するには、すべて消費税抜きで検討する。消費税は単に預かっているものであり、会社のお金ではないからである。常に真実の売上、在庫の価値を理解しておく必要がある。

（5）会社を買うこと、分割すること

　人手不足の世の中である。自社内の人材育成にも限度があるからか、中小企業の中にも人材獲得や事業再構築のスピードアップのために、M&Aに熱心な取り組みをする会社が増えてきた。ただ、事業は流行を追うものではないので、本業に近い分野や自社と親和性の高いビジネスかどうか、十分に調査して実行に移すべきである。事業承継の一環としてM&Aを支援する公的機関も増えてきたが、多様な専門家の意見にも十分に注意を払うべきであろう。急いてはことを仕損じる。会社を買うことを安易に考えてはいけない。

　人間の体は分割できないが、会社は分割することができる。しかし、会社は分割するほど経営は面倒になる。分割すると管理に手間がかかり、実態もわからなくなる。

会社を分割することで、支店長を社長にすればやる気が出ることは間違いなく、また、一部でも出資させることで経営者としての自覚も生まれるメリットがある。加えて、業績が良ければ会社毎に借入を行い融資が受けやすくなる。一方で、決算書を会社の数だけ作成しなければならず、仕訳を含めて会社毎に行うとすれば、経理の社員を個々に雇用しなければならず人件費が増加し、在庫等も重複して持つ必要が出てくる。また、社長となった社員がグループの経営方針に従わなくなっても、すぐに解任することはできない。1社でも業績が悪化すれば、他の会社の借入に影響する等のデメリットがある。

　金融機関は融資を行う際、連結決算ができるのであれば連結決算の提出を求める。連結決算ができない場合でも、実際に利益が出ているかグループで判断するため、様々な資料を求められ経理の作業は増加する。会社分割は、後継者の育成や社員を独立させるため等、明確な目的がある場合以外は行うべきではなく、利益操作や借入のためには決して行ってはならない。

(6) キャッシュフロー（資金の流れ）

　財務構造を良くするとキャッシュが会社に貯まるようになる。会社の内外でお金がぐるぐる回っていると考えて、その資金の流れをできるだけ良くするための対策を打つことや、今どこでお金が滞っていて、その本当の原

因は何なのかを徹底的に検討することが必要である。一般的には、商品や材料の支払いが先行し売上代金の回収が後になる。資金繰りが楽な会社というのは、商品がすぐ売れるのでお金がなるべく早く回収でき、在庫となる期間が少ない。キャッシュフローがプラスというのは、帳面上も儲けているうえで、資金繰りの方も売上代金の回収が先行している会社の状況を言う。

　キャッシュフローが良い会社は、稼いだお金で人材なり設備なりに投資をすることができるので、前向きな経営を進めることができる。これを実現するためには、資金繰り計画を立て、しっかりと利益が出る取引を行うことに尽きる。

　事業は継続しなければならない。必要な人員を採用し投資も実施する。新製品の立ち上がりまでは赤字を我慢する時期があるかもしれない。業績の良い会社でもキャッシュフローは長い期間で見ると、資金を持ち出す時期が必ずやってくる。利益を出して資金を貯めておき、金融機関借入が円滑に行われるように常日頃から準備しておく必要がある。

（7）設備投資で成功する経営者

　設備投資を実施する場合においても、数年先の貸借対照表の結果を念頭において、今この時に、本当に必要な設備投資なのかの見極めをすることが重要である。かつ

第8の習慣：財務を磨き込む（決断を支える財務の力）

て日本政策金融公庫の取引先であった、日本電産の永守（ながもり）重信社長は、会社の投資は苦しんで検討したものほどうまくいき、簡単に資金調達できて進めたものは、成果を上げることが少なかった、といった趣旨のことを言われた。不動産を購入する場合もよく考えないといけない。第一印象に惚れて突っ走ってしまうと失敗することが多い。設備投資や不動産は縁が大事である。追い回して逃げていくこともある。十分に検討した結果、縁がなければあきらめて切り替える方が、うまくいくことが多い。

　貸借対照表の資産は、経営判断の繰り返しの結果として将来にわたって残っていくものなので、細心の注意を払って検討したうえで実施したものほど価値が高まるのだ。結果として経営判断を誤った場合には、不良資産として貸借対照表に余剰な資産が残る。資産が残るということは、見合いになっている借入金が残っているということなので、経営の失敗は借金に繋がることになる。

　設備投資で成功する経営者は、失敗の上限を金銭で計算できる人であり、もしこれで失敗しても、まだ別の方法を複数以上のシナリオで考えることができる人である。普通の経営者は改善効果があるから設備投資をすると考える。苦労をしてきた経営者は自社の風土に合った設備投資なのかをまず考える。実行段階になってもできるだけ倹約できないか検討する。簡単に設備投資を考える

と金額がどんどん膨らんでくる。設備投資金額が膨らむということは借金が増えるということに繋がる。調子に乗ってはいけない。

　資金調達がうまくいかないケースも簡単にあきらめてはいけない。様々な金融機関と交渉すれば、必ず解決の方向は見えてくるものだ。一回断られて簡単に計画をあきらめてしまう経営者は多い。簡単にあきらめるくらいの計画はたかが知れている。金融機関の担当者に計画地に来てもらい、そこで設備の内容をよく説明し、どのような投資効果が見込まれるのかを十分に説明するようにしたい。設備計画に伴い、会社がどのように変化するのか、数年先までの事業計画を落とし込んだ計画書が必要である。計画に問題があるとすればどこなのか、税理士や複数の金融機関の意見をよく傾聴する必要がある。

（8）事例：財務を磨き込んでいる会社

　財務を磨き込んでいる会社には、共通の特徴がある。①支払手形を全廃している、②仮払金等のその他の資産がない（または少ない）、③儲かってキャッシュが残る仕組みがある、④定期的に財務のメンテナンスを欠かさない、といったことである。いくつかの事例を紹介したい。

オンリーワン型経営で活躍する〈P１４０図〉

　Ａ社は特殊製品のモノづくり企業。年間の売上は約

８億円で、経常利益は約１億円である。貸借対照表の使用総資本は約７億円であるが、このうち自己資本は３．５億円あり、自己資本比率は５０％。高付加価値経営で変動費率３０％（限界利益率７０％）を達成し、税引き後利益率は約７％。支払手形を全廃し、在庫水準は極小。その他の資産項目（例：仮払金等）はほとんどない。

　先代はモノづくりがたいへん好きで、良い製品を作るためにはお金をいくらでもつぎ込んでいた。現場では古いタイプの職人気質が蔓延して満足に工程管理ができなかった。赤字を垂れ流していた危機的状況の経営状態を継いだ現経営者は、しっかりした技術理論を固めるために大手企業の役員を三顧の礼を持って招請した。現場の課題を１つ１つ解決する中で、不良社員は会社を退社していった。特殊製品加工の研究開発が自社のＤＮＡであり、迷わずそのことに集中した。人材が育ち、付加価値の高い受注が増加して業績は回復し、資金繰りは好転した。金融機関にはこの間、何度返済を待ってもらったかわからない。仕入先には支払手形を切らずに歯を食いしばって現金支払いを行い、少しでも良い条件で材料を仕入れた。お金の大切さを骨の髄まで知っている経営者は、業績が好転した今でも倹約第一の姿勢を曲げない。

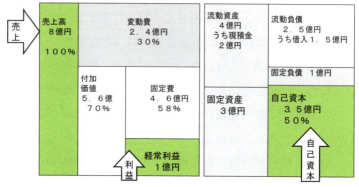

人材投資に集中する〈P141図〉

　ITシステムを提案する会社であるB社の貸借対照表の使用総資本は7億円で、このうち自己資本は5億円ある。100人近くいる社員の大半はSE（システム・エンジニア）で、一人前にするために10年かけて徹底的に教育する。会社のコストの大半が人件費という会社である。営業担当者はいない。会社の営業パンフレットはなく、システム構築の実績を記載した資料を使っている。創業時、経営者は還暦に近い年齢だった。中小企業の複雑な業務を真に効率化するシステムを作りたいとの一心で、高いコミュニケーション能力を発揮して、提案営業

ができる日本一のＳＥを作ることを目指して努力を続けた。創業当初は資金が不足しており、事業を支援する各種の補助金制度に積極的に応募し続けた。数々の表彰を受けて信用が高まり受注が増えた。今でも、大手が手がけそうもない中小企業の痒いところに手が届くようなシステムばかり取り組んでいる。仕事が面白く、同業大手より給与が高いので就職希望者が多数集まる。無借金の会社で毎期利益が出ていることから、資金繰りのことはあまり考えたことがないとこの経営者は言う。

B社の決算書

〚貸借対照表のみ〛

自己資本５億円（総資産７億円）、社員１００名（売上１８億円）

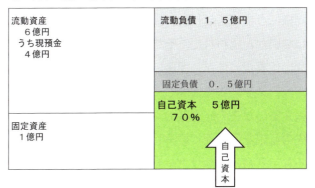

複数の事業をヨコ展開する〈P143図〉

　モノづくり兼商社で複数の事業領域を持つC社はグループ会社で、ここに掲げた数字は構成会社数社の合計を示している。年間の売上高は約５００億円、経常利益は３６億円（経常利益率７％）。貸借対照表の使用総資本は約２００億円であるが、このうち自己資本は１００億円あり自己資本比率は５０％である。変動費率は約８０％と付加価値水準ではA社に劣るが、規模のメリットを発揮している。豊富な手持ち預金を有し、支払手形を全廃して強力な財務体質を築き上げた。

　創業時の事業は某大手企業の工場の下請け業務であった。熱心に改善提案を続け、丁寧で手間暇を厭わない誠実な仕事ぶりが工場長の目に留まり、他の業務も次第に任されるようになった。次の段階では別の工場の仕事も同様にうまくこなした。評判になり、また新しい仕事をしないかと誘われた。それはこれまで全くやったことのない仕事だったが、即座に受けた。神様が与えてくれたチャンスを逃すことはもったいない。仕事を受けてから考えるのがこの経営者の流儀だ。試行錯誤しながら発注先の反応を注意深く観察した。経営者の人柄からいろいろなアドバイスやサポートをもらい、さらに仕事が増えていった。現在の事業は四本柱である。仕事が増えるにつれて幹部の育成にも全力で取り組んだ。「もったいない精神」が根付くこの会社では、社員に常にチャレンジ

することを求め、新しい価値創造に挑んでいる。

C社（グループ会社）の決算書

〚左：損益計算書　右：貸借対照表〛

売上高５００億円、経常利益３６億円（売上比約７％）
自己資本１００億円（総資産２００億円）

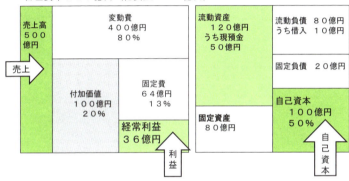

09 第9の習慣：人の心に貯金を作る

(1) 普段着の会話力

　この人（社長）のためならとにかく一生懸命頑張る。多くの中小企業経営者は社員からこういう風に思われる人だ。厳しくとも社員に心からの愛情を持てる人が優秀な経営者と言える。その温かさに時折触れることが嬉しくて、社長に叱責されても元気になる社員。こうした会社は本当に強い。経営者には人材をうまく活かす何かがある。突きつめて言うと「人の心に貯金ができる人」ではないだろうか。

　かち割り氷は夏の甲子園の名物でもある。最近のコンビニエンスストアでは、夏場にアイスコーヒーを購入する際、氷が入った容器をまずレジで購入することが普通になってきた。あの氷を作るには大変な技術がいるそうだが、原点はかち割り氷であると話す経営者がいた。アイスコーヒーの氷は決められた大きさで、決められた容量がきちんと容器に入っていないと、出来上がりがおいしくないそうだ。そうした精度の高い氷を機械で製氷するのは大変だが、徹底的に技術を磨き、経営者と社員が苦労を分かち合った。

　経営者には言葉力が必要だ。他者を思いやるコミュニケーション力と言えるかもしれない。社員に慕われる経営者は、何気ない一言で社員のハートをつかんでいる。社員を傷つけないことも重要だ。社員と同じ目線で話すことができる「普段着の会話力」が社員の本音を引き出

し、この経営者のために頑張ろうと無形の力を引き出すのだ。経営者が「俺が、俺が」の姿勢では、社内のベクトルは決して一致することはないだろう。

　金融機関の職員から見て、これでは頼りないと思う経営者の言葉がある。業績悪化を景気や政治のせいにする発言や、評論家のように資材高騰といった環境要因のみを話すが、その先の改善策について具体的な話がない場合である。

column　社員とのコミュニケーション

・社員の夢を実現するのが経営者
・９５％はヒアリング能力（現場のニーズを素直に聞き取ることができる能力）
・社員の粗探しをしない
・良い点を伸ばせば欠点も気にならない、個性の比率を上げる
・片目をつぶってでも育成する

（２）経営者のための失敗学（失敗の原因と粉飾）

　経営が失敗する大半の原因は、人、モノ、お金に起因する。採用の失敗、仕事の配分の失敗、人材の育て方の失敗、裏切りや不正、設備投資の失敗、在庫を持ちすぎた失敗、取引先の破綻による不良債権発生、そして金融

機関との信頼関係の構築ができず、タイムリーな資金調達ができない失敗等である。これらは赤字や資金不足となって経営者を追いつめていく。

　経営者が粉飾に走るには動機がある。赤字を出すと金融機関から融資を受けられないのではないか。取引先から取引を打ち切られるのではないか。経営判断の失敗を見せたくない。このような心理状況になることは想像に難くない。経営者は人間であり、こうした落とし穴には一度や二度は必ず落ちそうになる。しかし、粉飾は経営の自己否定そのものであり、いったん手をつけるとなかなか正常な姿に戻れない。

　会社の経理を任せる人材はよほど信頼のおける人でないといけない。生真面目で融通が利かないくらいの人の方が良い。１円たりとも間違えないという人が適任である。経理担当者が競馬等の博打にのめり込んで会社のお金を使い込むような社内不正の事例は決して少なくない。経営者は会社の中枢にいる社員の日頃の言動や健康状態等にさりげなく注意を払う必要がある。日常的な習慣として顧問税理士等に協力を頼んで、定期的に現金残高や主要勘定の精査を行うべきである。現金に関する処理においては、常に作成者とチェック者は別でなければならない。チェックの習慣が事故を予防し、社内の健全な社風を作るのである。どん底から這い上がった経営者の多くは、手形を切らないと決めている。そして代表印は手

元から離さず、必ず自分で押す。印鑑を押す重みを知り尽くしているのだ。

> **column　粉飾の手口（例）**

・売上の過大計上、仕入の過少計上
・在庫の水増し計上
・社員による在庫の横流し事故隠蔽のための仮払金計上
・長期滞留債権の貸倒れ処理回避
・保険料、リース料等の経費の過少計上　等

（3）良い情報を集める

　優秀な会社ほど、情報収集にお金をかけている。情報が宝であることは今も昔も変わりない。情報感度の高い会社は、情報を付加価値の高いものに仕上げる力が強い。情報の的確な収集や伝達ができるコミュニケーション能力が発揮され、幹部が経営全般に情報をうまく活用している。中小企業は変化対応業である。情報管理の優れた会社は収益力も高い。

　ある商社は女性チームによる海外市場向けのウェブ事業を立ち上げた。産休明けの女性社員の何気ない一言から新しいプロジェクトチームが立ち上がり、現在では会社の主力事業に育っている。チーム全員が語学に堪能であり、女性らしいきめ細かいサービス提供能力とか

コミュニケーション能力を発揮して売上を伸ばしている。現場社員のボトムアップ（下部から上層部への発議で意思決定されること）から始まったこのビジネスは、難しい課題が出てもどこからかサポーターが現れて、いつも明るく元気である。

　一方、業績の悪い会社ほど、社員を効率的に働かせようとしない。いや、正しい働き方を教えていない。会社の業績に貢献するためには、無駄な仕事はしない方が良い。四方八方にアンテナを張って、真に取引先が望むことに時間を集中させるはずだ。経営理論的にはこうなることは誰もが理解する。しかし現実には社員に無駄なことをさせて給料を払っている会社は多い。

（4）事業を起こすということ

　持ち金５０万円をタネ銭にして事業を開始した夫婦がいる。土壇場にいた夫婦２人が行ったことは、特定のファンが存在するある分野のニッチな商品作りであった。その業界にはすでに相当数の商品アイテムが存在していたが、２人が目指したのは徹底的に細部にこだわり、こんなにも隅々まで気を配った商品は世界中のどこにもないと言われるくらいのものだ。開発した商品が認められるようになると、人材も少しずつ採用できるようになった。アイデアを出し合い、市場を分析してチャレンジを続けた。経営発表会は他社が見学に来るような熱気あ

ふれたものになった。業界トップ企業の仲間入りをして、いまや年商１００億円を目指す中堅企業に成長している。「打つ手は無限」。そう信じて学びを止めない社長の周りに、信奉者が集まり、笑顔、企画が広がっていく。新しい発想を応援する文化がこの会社にはある。

経営者はいつもたくさんの経営課題の解決を迫られているが、業績の良い会社の経営者は決してあくせくしていない。経営課題はむしろ好業績企業に多く、その課題の内容も複雑なのである。彼らは複数の課題に対して同時並行で解決しようとしていない。今一番大事なことは何かを選択し、その一点に集中して早期に結論を出すことが極めて上手である。これを経営者の器の大きさと言うべきかもしれないが、課題対応能力の高い経営者は、あれもこれもといろいろ手を出さない。一番の肝は何かを常に考え抜く習慣が身に着いているように思う。

成果を上げていない社長はこの逆のパターンが多い。あれもこれも手をつけて、何か安心した気分になっている。決断する立場の経営者がこれでは、会社は良くならない。大事なのは、本業の根幹を見つめて手を打つことである。世間で流行しているからと言って、全く同じように事業を開始しても成功することはできない。多角化（事業のヨコ展開）を行う場合に、既存の事業とかけ離れた事業を始めることはリスクが高すぎる。根っこは同じ方がうまくいく。新規事業が軌道に乗るまでの時間は、

経営者が考えていた時間の３倍程度かかることがよくあるので、新規事業の利益を当てにして資金繰りを組むことはやめた方が良い。

（5）東海バネ工業のすさまじい現場力

　以前の工場は兵庫県伊丹市にあった。初めて訪問した時に、渡辺良機社長は川沿いの土手にある桜の木を見ながら、「この桜の木の下で社員と一緒に夢を語るのだ」と話した。のちに主力事業となる皿バネ事業に進出しようとしていた時だった。最強の手作り工場を目指す気概に触れ心が震えた。

　伊丹工場の周辺に住宅建設が迫ってくるようになり、現在の兵庫県豊岡市に工場を移転したのは、その２０年後であった。伊丹市内からは車で１時間以上はかかる距離である。皿バネ事業進出後、次は２０年かけて工場移転を考え続けて実行に移した。当時の社員は今も手作りバネ工場で勤務しており、大型の熱間成形コイルバネを巻くＹＵＫＩという自社制作の大型機械もいまだ健在だ。引っ越しの際には新工場に旅立つＹＵＫＩを社員皆が、わが子を見送るようにした。新工場には女性が増えた。職人になりたいと応募してくるのだ。職人の誇りが満ちている工場には、日本を代表するバネ職人たちの黄金の手形が掲示されている。新人もベテランも皆元気で一体となって働いている。工場見学は申し込みが殺到し

ているが、どんな質問をしてもすべてオープンな答えが返ってくる。

　渡辺社長は常に現場の社員や職人の皆に声をかけているが、見学者はその姿を見て頷いている。１品から受ける特殊な受注形態なのに、多くのファンがついているのは徹底した顧客志向に加え、これでもかと思うくらいの社員満足を求める企業文化のためであろう。バネ１本からの単品注文・オーダーメイドに徹底してこだわり、ＩＴ投資を常に行い、受注・値決め・工場発注から完成、納入まで最高の結果を出すために、１人１人の社員がとことん議論して実行している。その結果、言い値で契約し、納期遵守率９９．９９％の完璧な自社流のシステムが出来上がっている。

　日本の優れた会社に贈られるポーター賞を受賞したのは２００８年である。ポーター賞のシンボルマークは、「枠の中から飛び出せ！」という意味だと聞いた。東海バネ工業では「やってみんとわからん！」の精神が根付いているので、人事評価は成功したか失敗したかではなく、やったかやらないかで判断する、視線の温かい会社である。

column　現場力の強い会社

・良いカッコをするな、背伸びするな、見栄を張るな

- 仕入先は大事にする
- 身の丈、等身大、分限をわきまえる
- 税務署や金融機関やお客をだませても、社員はだませない
- 本気に勝るものなし
- できない約束はしない
- 小さいことの積み重ねが大きなことに繋がる
- あらゆる事態を考え尽くす
- 重要なことに集中する
- 仕事は優先順位を決めるより劣後順位を決める
- 苦境の時にこそ堂々と元気でいる
- マイナス情報を素直に聞く
- 救ってくれるのはお客と社員
- 社長は権力ではない、責任の所在を示している

（6）本社はみすぼらしい

　ある部品の製造販売で上場企業となった中小企業がある。当時の本社は、木造のウナギの寝床のようであり、訪問するといつも床がギシギシ鳴った。しかし、工場は素晴らしかった。ＩＴシステムを常に更新し、顧客ニーズである「今の今すぐ」に即時に対応することを目指し、そのための設備投資を積極的に行った。モノづくりは製造現場にすべての答えがあると考えていたからだ。大学の元応援団長である経営者の周りには、彼の人間的魅力

を慕ってたくさんの参謀が集まっていた。人材が集まり、それぞれが持ち場で懸命に働き、お客のニーズを徹底的にリサーチして即応することを常に行うと、会社はたいていうまく回り出す。

あの阪神・淡路大震災や東日本大震災等で事業のすべてを失った会社は多い。ある会社も震災で本社と工場を失った。社員も被災し、片付けさえも満足にできなかった。創業者の父親は廃業しようとしたが、二代目の息子が事業を引き継ぐと言い出した。震災から1年以上先になったが、本社工場の跡地を売却し、その売却資金で別の場所に工場を建てた。二代目は「当社を評価してくれるお客様、仕入先、社員から信頼される会社になる」、この一心で頑張り続けた。会社の存在意義を問い続けた結果、世の中に必要とされる会社になるとの決意に至った。

失うものがない状態から、新しい仕組みを考え続けた。新たに採用した社員の教育も、経営理念を打ち立てて徹底的に行った。マニュアルを整備してどこにも負けないくらいの多能工化を図った。様々な工夫を積み上げた結果、同規模の工場と比較してコストが半減できるくらいになった。品質も価格も良いとなれば、いろいろな注文が増えてくる。開発と製造に経営資源を集中させた結果、営業に手間をかけない仕組みも考え出した。この会社も設備投資がV字回復の起点となったが、高いリスクを承

知で融資した金融機関が背中を押した。

　経営者の「このまま終わるわけにはいかない」。この想いが、事業を再生に導いた。「必要とされる会社になるためには何がいるのか」「そのためには何をしなければならないのか」。この問いの繰り返しであったと、経営者は言う。

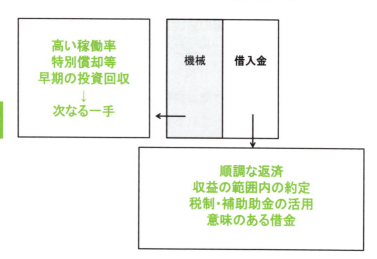

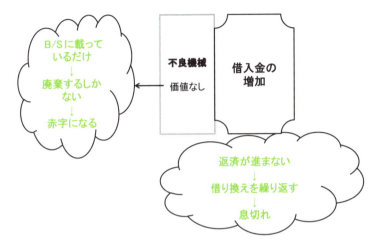

10 第10の習慣：銀行と上手に付き合う

（1）だました人は終わりが良くない

　長く融資を担当していると、いわゆるたちの良くない人物にも会う。調子良く、詐欺まがいに動き回る自称・経営者。ありもしない受注をホワイトボードに書いて、工場の片隅にある機械を動かして受注があるように見せかけていた経営者がいた。近くの銀行に様子を聞いたり、アポなしで同社を再訪問したりして、嘘がわかった。社員もいやいやながら嘘つきに加担していた。会社の空気が澱んでいた。

　資金調達ができないため、社員を役員にするからと言って、社員の親の自宅を担保提供させようとした経営者がいた。皆終わりが良くなかった。正しい経営ができない人は失敗する。経営者が嘘をつくと罪は大きい。経営者は背負っているものが重いため、多くの人に影響を与える。

　金融機関は情報の宝庫である。大切な相談相手として付き合う姿勢が肝要である。一方で、経営者は金融機関の支店長や役席、担当者をよく観察しないといけない。付き合って価値のある金融マンとは、①親身になって考えることができる人、②ダメなことはダメと言える人、③情報提供ができる人、である。金融機関のカウンターの内側では、コンプライアンスの遵守をはじめ細かい決まりごとがたくさんあって、事務処理がとても忙しくなっている。こうした中で金融機関の職員は、決算書

の中味や過去の取引情報は当然頭に入ったうえで面談するが、財務以外の非財務の部分については、経営者自身が自社の特徴をよく説明する習慣を持ちたいものだ。気後れする必要はない。取引金融機関の職員にはぜひ会社に来てもらい工場を案内しよう。中小企業の現場力や技術力の凄さを、金融機関の職員に知ってもらうことが大事だ。取引金融機関には正直でないといけないが、経営者が考える世間の幅と、取引金融機関が考えるそれとは異なることがままある。金融機関とは長い目で上手に付き合いたいものだ。

金融機関との付き合い方～ある二代目経営者の言葉から～

・長い目でギブ＆テイクで付き合う
・いつも良いコミュニケーションができる人間関係を作っておく
・金利は借りたお金に対して払うのではなく、情報サービスの対価と考える
・金融機関は情報の宝庫、利用しないと損である
・融資とは時間を借りることである
・異業種交流会に積極的に参加し、情報を集めよう

(2) 社長に貸せば資金使途流用

　会社で借りた資金は、当然ながら会社で利用しなければならない。その一部であっても、経営者が私用で使うことは許されない。それは、資金使途流用として、金融機関から一括返済を求められても仕方がないほど重大な問題となる。経営者は厳しく自分を律し、会社の資金と自分の資金を分けて考えなければならない。

　関連会社借入も同様の考え方で整理される。一般に金融機関が考えるグループ会社とは、①経営者およびその配偶者が株式の過半数を所有する会社、②経営者が異なっても株主が同一で、経営に影響力があると考えられる会社、③株主が経営者とその子息で、取引関係がなくても同業あるいは業種が近い会社、である。法律の考えるグループ会社とは、株式の５０％超を所有される会社はその所有する会社の子会社であり、５０％までの株式を所有していなくとも、経営支配がされていれば、関連会社とみなされる。しかし金融機関の場合、株式を会社が所有していなくても、経営者あるいは経営者の配偶者が過半数以上の株式を所有していれば、グループ会社とみなすことが一般的である。信用保証協会がグループ会社とみなしているかどうかも大事なことである。もし、信用保証協会がグループ会社とみなしていれば、同じ金融機関を通して借りていなくとも、一方のグループ会社が条件変更をしてしまうと、他のグループ会社も新たな

信用保証協会の保証で融資を受けることができない可能性があるので、注意しなければならない。もし一方の会社が倒産すれば、その経営者は連帯保証の債務を支払わなければならないという経済的負担を背負うことになりかねず、風評被害が発生し、残った会社も業況が悪化する可能性がある。

column 金融機関が想定する運転資金の使い道

・増加運転資金：売上の増加に伴い必要となる資金
・資本構成是正資金：借入返済額が利益よりも多いため、その差を埋める資金等
・赤字補填資金：赤字を補填する資金
・借り換え資金：銀行の借入金を借り換える資金
・短期資金：一時的な在庫調達資金、賞与資金等半年程度で解消される資金

（3）必ず返済する覚悟のある経営者

業績が思わしくなくて、融資可能かどうか判断がつかない時に、金融マンは何を考えるか。審査のポイントは、いわゆるお金の使い道（資金使途）と返済能力（返済できる原資があるか）、税金や社会保険料の滞納がない、といったところが基本となるが、金融機関との取引実績も大きな検討要素である。普段からの金融機関との付き

合い方で、いざという時にも影響が出てくるものだ。融資したお金が利息とともにきちんと返済されるかは、結局のところ経営者が正しい思考回路にあるのか否かにかかってくる。見かけは立派でも、事業に対して本気度の薄い会社はそのうち頭（経営者）から腐ってくる。こうした経営者にお金を貸してはならない。

　経営者は、会社の経営に無駄な経費は一切かけないことを徹底するべきである。そして業績が向上してきたら、経営者はたくさん報酬を得るべきである。経営には多くのリスクがつきまとい、すべての責任は経営者が負う。多くの報酬を得ていざという時に備えなければならない。

　経営者が会社のお金を使うのか、ポケットマネーを使うのか、社員はよく見ている。ポケットマネーを使って社員に食事をご馳走したり、社長の金一封を渡す等して、社員を感激させる社長がいる。身銭を切っているからこそ、社員も感激する。

　仮払金とか立替金といった、後からよく説明できない科目は極力なくすべきである。経営者の普段からの行動は社員ばかりでなく、取引先等の関係者がよく見ていると肝に銘じておくべきだ。経営者の不行跡は企業文化に悪影響を与える。社長の素行の悪さは会社全体に広がる。たかが仮払いで、公私混同するとは本人は考えていなくても、社員を含めた世間はそう見てくれない。一旦起きた風評は勝手に拡散していくものだ。

（4）金融機関取引の基本的な考え方

　良い会社は金融機関取引が安定している。金融取引が不安定な会社は、目先の金利条件等を比較して金融取引を行った結果、一部金融機関の融資残高が突出したということが結構見られる。単発型の融資を安易に受けていると、業況が厳しくなった時に支援金融機関がないという事態に繋がり危険である。メイン銀行の存在が重要であるし、取引金融機関の数はある程度絞る方が良い。業態別（メガ銀行、地方銀行、信用金庫、信用組合、政府金融機関）でバランスを心がける。

　使い古された言葉であるが、金融機関は雨が降ったら傘を貸さず、晴れていると先を争って傘を貸す。これは、金融機関は多くの顧客（法人・個人）から預かった預金をもとに会社向け融資を行うので、安心・安全な貸出先を求めるのは、ある意味やむを得ないことである。もちろん、業績が悪化しても回復すると考えられれば支援を継続するが、金融機関に納得してもらうためには、それなりの資料を用意しなければならない。金融機関の主な視点は、①その会社の決算書の内容が債務者区分から見てどうか、②信用保証協会の保証額や担保価値（担保の処分価値から、その金融機関が設定している担保権の前についている他の金融機関の担保権の価額を控除した金額である担保余力）があるかどうか、③将来の業績の３点である。

一般に金融機関が債務者（融資先）を区分する方法として、大きく正常先、要注意先、要管理先、破綻懸念先、実質破綻先、およびすでに破産等法的手続きに入っている破綻先の、計６区分に分ける。この区分によって、個別の融資先に対する貸出残高に対して、金融機関が引き当てる（つまり費用として計上する）貸倒引当金の割合が異なってくる。貸倒引当金とは、簡単に言えば将来その融資したお金が返ってこないであろう確率に合わせてあらかじめ計上する費用であるが、その確率は、過去の回収不能になった実績に基づいて求めるため、金融機関毎に異なる。

　例えば正常先であれば、貸付残高の２～３％程度で負担が少ないが、破綻懸念先となると引当金の割合が５０％程度になり、貸出利息をもらっても逆ザヤになるので融資することを躊躇するわけである。ただし、担保や保証協会の保証があれば倒産してもその分確実に回収ができるので、債務超過であってもその担保の処分価値や保証協会の保証に見合う部分は引当金を積む必要がない。

　次に、今は業績が悪くても、近い将来回復することが実現可能なことを経営改善計画書によって説明できれば、債務者区分を上げることができる。例えば、直近決算書では自己資本がわずかにマイナスであった場合、形式基準のみでは要注意先と判定されるであろう。しかし、来

期黒字にして自己資本をプラスにすることが実現可能な経営改善計画書があれば、正常先に判定することができ引当金が少なくて済むことになる。そのため、金融機関の職員は、既存の業績が悪くなった経営者に経営改善計画書を作るように強くすすめるのである。しかし、コンサルタントが勝手に作った経営改善計画書は、どんなに見栄えが良くてお金がかかっていても役に立たない。実行できるアクションプランがあって、初めて魂の入った経営改善計画書になる。

column　自己査定結果による金融機関の与信判断について

　一般的に短期融資より長期融資の方がリスクが高い。例えば、長期借入金が減少し短期借入金が増加する場合は、金融機関がリスクテイクを嫌がって短期借入金に切り換えたという可能性がある。

　金融機関は自己査定により、会社が過剰債務（借入金の返済負担が利益水準に対して重い）ではないか、あるいは、実態的には債務超過ではないかを気にしている。債務償還年数１０～１５年以上、あるいは債務超過解消年数３～５年以上となる場合は、一般的に格付は下がる。金融機関は自己査定を行う時に、Ｂ／Ｓの次の科目に特に注目している。これらの勘定科目の資産が実質的に存在しているかを検討して、もし実態とかい離していると

判断すれば、自己資本金額から控除したのちに債務超過か否かを判定することになる。

（金融機関の注目項目）

1．減価償却資産

・当期減価償却不足＝同限度額－同実施額（当期の赤字）

・減価償却不足累計額は当期のB／Sから控除する

2．不良資産

・回収不能債権（不渡り手形、破産更生債権等）

・回収疑問債権（融通手形、業績不振の関連会社貸付等）

・資産性の疑義ある資産（長期滞留在庫、仮払金等）

3．資産評価損

・賃貸不動産の収益性（収益還元評価）

・ゴルフ会員権、有価証券（市場価格）

4．数字の整合性について

・月商と比較して多額、または前期と比較して急増（受取手形、売掛金、在庫等）

・毎期同額または高水準で動かない（仮払金、貸付金、未収入金等）

・高利借入金（支払利息と借入金残高との比率）

（5）リスケ(リスケジュール)をしたら融資は出ない

　　リスケとは、融資の返済が困難になった場合に金融機関に対して借入返済条件の変更を行うことである。リス

ケを受ける場合には、今後新規融資は出ないことを前提に予想資金繰り表を少なくとも今後1年程度は作成し、万一突発的に資金が必要になっても、何とか繰り回せるだけの余裕のある返済額にしておくことが重要である。金融機関に頭を下げて、各金融機関の借入残高割合に応じた返済（これを「残高プロラタ」と言う）を行うことを、資金繰り表を持参して丁寧に説明すれば納得してもらうこともできよう。

　ある会社は金融機関の担当者から、2期連続して（償却前経常利益が）赤字となっているため、これ以上融資はできない、資金繰りが厳しいのであればリスケによる元金返済額の減額には応じると返答された。経営者は仕入の支払いが先行して必要になり、リスケしても資金繰りが回らなくなるため、何とか融資をしてほしいと要請したが、再度断られたので再生支援協議会へ相談し金融機関調整を行ってもらった。再生支援協議会は、財務を点検して支払能力を客観的に判断してくれる公的な機関であるので、利用を検討する価値はある。

　金融機関は支払能力を償却前経常利益＝キャッシュフローと看做することがある。経常利益の状況により、経営者は3段階に分けて借入金の返済方法を考えた方が良い。

〈経常利益の３段階〉

第１ステージ	償却前経常利益＝０	赤字による資金流出がなく、概ね収支トントンのラインである。ただし、借入金の返済資源を創出していないので、借入金の借り換え（またはリスケ）が必要である。
第２ステージ	償却後経常利益＝０	償却費の範囲内での借入金返済が可能。または、現状維持程度の設備更新がなんとか可能な水準。
第３ステージ	償却後経常利益＝目標利益	目標利益は、長期借入金の年間返済額や、今後の中長期の投資計画金額等により決定することができる。

（6）金融の新しい動き
①クラウドファンド

　インターネットで事業の賛同者から資金を集める手法をクラウドファンドと言い、ファンド側はビジネスモデルを審査し、テストマーケットやプローモーション等を有料で手がけ、会社を支援する。例えば「この世界の片隅に」という映画プロジェクトは、数千万円の資金が集まったことが契機となってヒットした。ある古民家再生プロジェクトでは、「年貢を納めて村民になろう」というキャンペーンで数百万円の資金調達に成功した。地域起こしや災害支援でもクラウドファンドの手法が活用さ

れている。集めた資金は金融庁の指導下でＩＴを活用してファンド側から分別管理され出資金の安全性は保たれている。成功したイベントには出資者が喜ぶ形で様々な特典が用意される。こうした取り組みは、会社とエンドユーザーである国民の１人１人と対話しながら、事業を一体的に行う取り組みとして今後注目される。

②フィンテックと変化する銀行

　人工知能ロボットを活用したビジネスモデルは、金融の世界も劇的に変える可能性がある。金融機関内部の仕事は大変複雑になってきており、若い行員は一人前になるまでに山ほどの内部規程を習熟することが要求される。融資の仕事に取り組みたくても、覚える仕事やチェック項目がたくさんあるのだ。

　超低金利時代が長く続き、マイナス金利の時代になって、金融機関のＩＴ化や合併・連携は一気に進むと予想される。金融機関はよほど地域経済に特化した業態となるか、巨大な貸出資産を持たないと収益が確保しにくくなるからだ。合理化が強化され、業務の大半はロボットが代行する等、窓口は一変するかもしれない。フィンテック（ＩＴ技術を使った金融サービス）により、煩雑な金融機関の業務はスマホのアプリですべて片が付くようになるかもしれない。預金、決済、送金に加え、融資判断も会社の了解のもと、税理士事務所の会計データが取引

金融機関と共有化され、ボタン1つで融資の可否が決まるようになるかもしれない。しっかりとした財務を持っていなければ融資審査の入り口にも立てなくなるだろう。

　経営者が自社の決算報告をする場合は、できるだけ銀行の支店長等の決裁権限のある人とコミュニケーションを取るべきだ。金融機関では、営業に強い支店長の後任には、タイプの異なる審査に強い支店長を置くという傾向もあるようだが、自社の決算書は経営者自身が毎回しっかり説明する習慣を持つことが重要である。こうした習慣は、金融機関内部ではきちんと情報共有されるので資金調達をすべき場面になると役に立つ。

③ロカベン指標

　経済産業省のホームページに【ローカルベンチマーク指標】が載っている。簡単な決算データを入力すると自社の財務分析と他社との比較、業界内での位置付け等が明確に理解できるし、商流図等を考えながら作成でき、経営力強化を進めるために非常に役立つ。中小企業の事業性評価をしっかり行い、世の中の多くの中小企業にお金を循環させて経営を活性化しようとするのが、今の金融庁の方針だ。中小企業がロカベン指標を積極的に活用すれば、取引金融機関への良いアピールになる。

　取引金融機関のディスクロージャー誌を点検することをおすすめしたい。金融機関の経営内容を開示した冊子

のことで、銀行の店頭やウェブサイトで見ることができる。ここに当年度の取引金融機関の方針や考え方が掲載されている。特に確認しておきたい項目は、金融機関のP／L（損益計算書）やB／S（貸借対照表）をはじめ、業種別貸出実績、力点を置いている貸出政策、リスク管理指標等である。自社の融資状況は、取引金融機関においてはどういう位置付けなのかを考えるきっかけになる。自社の決算報告は取引金融機関に行うが、取引金融機関の経営内容を知らないということは良くないのではないかと思う。

　ちなみに、金融機関のB／Sでは、法人や個人顧客から集めた預金は負債に計上され、融資（貸付）残高は資産に計上される。預金が多く貸金がその内数になる場合がほとんどだと思われるが、預金と貸付の割合を預貸率と言い、メガ銀行は高く地方銀行や信用金庫になると低くなる。地域金融機関は営業区域が限定されるため、法人顧客がメガ銀行に比較して相対的に少なくなることが多いためだ。地域金融機関との取引関係をしっかり築くことは、当該地域金融機関にとって大切な顧客になることを意味し、資金調達力を高める観点からも重要な視点の１つである。

11 第11の習慣：本気社員を育てる
(社長は親、社員は家族)

（1）権限委譲しないと社員は育たない

　社員を育てて、仕事を委譲することは経営者にとって重要な仕事である。経営者は会社を永続させなければならない。常に新たな顧客、新たな事業を開始し、新たな社員を雇わなければならない。既存の事業は必ずどこかで成長の限界が来る。トップダウンは必要だが、強すぎると社員は委縮し生産性はかえって低下する。

　組織図を作って考えることが重要である。会社の定義は組織図にある。会社は人間の集合体であるが、組織と戦略が加わって経営が始まる。経営の究極の目的は存続であり、強みの創造にある。会社が滅びないためには、トップと社員が信頼関係で結ばれていることに加えて、会社が社会になくてはならない機能を果たすことが必要である。そのためには社員に完璧を求めるのではなく、役割分担が必要である。経営全体を見渡せる鳥の目を持つ人、現場で起きていることを見逃さないシステムを作る虫の目を持つ人、先を見越したスピード感あふれる魚の目を持つ人が必要だ。管理職は部門の総合的な作戦を練る立場であり、役員は立ち向かうべき戦略を考える立場にある。今ある組織図は会社の現状を正確に表しているだろうか。仕事が効率的に回るようになっているか、小さくともイノベーションを起こせる風土があるか、社員が新しい発想で提案ができる体制にあるか、幹部が育ってリーダーシップを発揮しているか等、検討す

べき課題が見えてくる。経営者の考えが組織図に投影されて社員に権限移譲ができれば、経営者は現場仕事から解放されて経営者としての仕事ができるようになる。一方、任された社員はますますやる気が出てきて、会社全体に活気が生まれる。活気のある会社は外から見てもわかるので、不思議と仕事が集まってくる。

　社員を育てるには、小さくとも具体的な成功の事実を早期に作ることだ。とにかくたくさんの良い経験をさせる。成果の出やすいところから着手させることも時には必要だ。多くの人は往々にして難しいことからチャレンジしようとするが、失敗して信頼を失っては元も子もない。自分でチャレンジして失敗したものは勉強になるが、言われたことを失敗したら言い訳ばかりするようになる。

column　某社社長による社員との接し方

・聞き手の気持ちの前にかかっている幕を取り除く
・ありのままを言わせる
・とんでもない間違いや、ごますりを見分ける
・部下の特性をあらゆる角度から見る
・ダメなものは絶対ダメ
・マニュアル、業務心得の絶対厳守
・大きな声で挨拶、自宅での勉強等を励行させる
・欠点は組織でカバーする（チームワーク力）

- 話し合う時の第一声はトップから、そしてＹＥＳで受ける
- データに基づいて決定する
- 収益の８割を稼ぐ事業に８割の時間を割く
- 社長と全く異なる意見を真っ向から言える幹部を３人は育てておく
- 経営内容をオープンにし、全社員を経営に参画させる
- 後継者を商売人ではなく、プロの経営者に育てる

（２）輪読をする会社

　論語の輪読会、経営学者ピーター・ドラッカーの勉強会。テーマはいろいろあるが、社員のためにこうした勉強会を主催している中小企業経営者は多い。ある会社では、社員は学んだことをノートに書いて提出することが義務付けられる。中小企業の現場には文章を書くのが苦手な人は多い。まして社長に文章を書いて出すことに、とても抵抗がある。社長は粘り強く必要性を理解させて、なんとか提出させる。そして丁寧に赤ペンを入れる。「何もわかっていないな」、とは決して言わない。日々その行動を繰り返すことで確実に社員の心のありようが変化してくる。経営者の意思として語り続けないといけない。継続することで絶えず同じメッセージが伝わることから社員の行動が変わる。健全な価値観を持ち、それを社員と共有し続ける努力が良い成果に繋がる。

　心に残る言葉を書き留めている社員がいる。自分で感

じたことを自分の言葉で考える。こうして学んだことは1つ1つが社員の血肉になっていく。社員の血肉になるものは会社の血肉に変化していくのだ。幸せを追求する会社は、社員の幸せ、お客の幸せ、地域の幸せ、自社やグループの幸せを考えている。何事も継続しないと意味がない。あっちの会社の良いところ、こっちの会社の良いところをただ真似るだけでうまく経営をしている会社は見たことがない。1つのことに真剣に取り組み続けることが、事業成功の秘訣のように思う。

　経営発表会をする会社も増えてきた。主役は社員だ。経営者の方針発表後に、各グループ別に発表会を行い、自分たちで考えたことを外部のメンバーや取引金融機関の支店長に聞いてもらい、さらに感想を述べてもらうことが重要である。私はこれまで多くの中小企業の経営発表会に同席した。社員が上手に発表できたかは問題ではない。社員が自分の言葉で会社がより良くなるために行動を起こすことを表明する姿勢や、会社の実情を知ってもらって良い点を伸ばそうとする姿勢は、取引金融機関から必ず共感を得る。後継者にこうした機会を与えて意見発表をさせることも良い。取引金融機関が事業後継者の人物や考え方について強い関心を持つ機会を自発的に作り、発表会終了後に具体的なアドバイスをしてもらって後継者教育に活かしたいものだ。

　金融機関は敷居が高くてとか、いろいろな取引金融機

関を一度に集めるなんて、と遠慮しない方が良い。意見交換の場を増やすことは絶対に役に立つ。

column　不況のない会社

- トップが早く起きて出社している（早寝早起きで健康管理）
- トイレがきれいな会社
- 社員を大切にする会社
- 笑顔と挨拶が絶えない会社
- 取引先を大事にする会社
- 現場重視の会社
- 税金をきちんと、どこよりも早く払う会社
- 他人に教えれば教えるほど湧き出る、知恵の泉のある会社

（3）採用は会社最大の投資

　人間は、職場でも私生活でも孤独でいることに長く耐えることはできない。孤独でいると、だんだん精神的に追いつめられて、やる気を失ってしまうのだ。新卒採用はできるだけ毎年継続することが理想である。話し相手ができ、仕事の悩みを相談し合うこともできる。

　研修で成果を上げている会社は、研修で学んだことをすぐに社員が現場で繰り返し取り組んでいる会社だ。何

度も反復して経験値を高めることで、業務の中味が深く納得できるようになる。立派な外部講師を招いて研修しても、現場で経験値を高めるまで実践しないと意味がない。中途採用者の場合も同様で、研修計画はできるだけ細かく１か月単位で計画表を作ることで、研修を行う側もやりやすくなる。

　社員の採用は、最も重要な投資である。３０代で事業を継いだある経営者は、会社説明会では会社の良い点も悪い点も全部話すようにし、採用内定者の家庭訪問を行っている。幹部社員には、部下の教育が大事な仕事であると認識させ、経営者も社員と親子のような関係作りに力を注いでいる。経営者は、何かに挑戦して成功した者を称賛し、挑戦して失敗した者を励まし、自らは挑戦しなくともその挑戦を手助けした者を評価しなければならない。一方、何もしなかった者や批判だけする者が社内に存在しないように教育することが大切である。

（４）部下に泣く人

　現場ではとても良い仕事をするとか、営業で優秀な成績を上げているとか、そんな社員をマネージャー（管理職）にしたにも関わらず、うまくいかないと嘆く経営者は多い。現場の仕事ができる人は幹部としての能力もあるとは限らない。自分の持っている能力と他の人が持つ能力の組み合わせを考えて、その組み合わせにはどのよ

うな技術や行動が必要かを探ることができる人がマネージャーに向いている。組織をヨコに広く見ることができる人を幹部として育てる必要がある。

　経理担当者がお金を横領したことに気付かなかったとか、手形を持ち逃げされたという話は少なくない。会社の不祥事は景気が上向きの頃になぜか顕在化する。会社の経費を有効に使っていない社員を見逃すと、会社の雰囲気がおかしくなる。数字の裏をよく洞察しないと、判断を誤ることがある。こうした空気の変化に経営者は敏感にならないといけない。

　部下に権限を与えるのは良いが、不祥事が起きた時に部下の責任だと言う経営者は信頼されない。経理は複眼でチェックしないといけない。与信管理についても明確なルールを設けていないとルーズになりやすい。仮払金勘定の内容、領収書のナンバリング、交際費の内容、リベート支払方法、現場点検（横流し防止）等について、常に二重の点検システムを作ることが大事である。自らチェックしようともせず、自分は何も知らなかったと言う経営者は信用されない。

　こういう経営者は公私混同することが多く、当人はそう思っていなくとも、会社の財務諸表を見ると不明朗な科目がいくらでも出てくるものである。美しい貸借対照表を作ることが危機管理に繋がる。仮払金や社長貸付といった「その他流動資産」に計上される金額が多くなる

と、金融機関は会社で何かおかしなことが起こっているのではないかと勘繰り始めるものである。

（5）「絶対肯定、絶対安心、絶対感謝」

イエローハット創業者の鍵山秀三郎氏の言葉を拝借する。「何事もすべてを受け入れる関係ができると、絶対的な信頼関係が生まれ、絶対的な信頼があれば、すべてに感謝し、世の中のために役立とうという気持ちが生まれてくる」との言葉である。はじめに、まず経営者として語るべき理想がある。次いで、その目標達成までのストーリーと達成後の姿が示される。全社で取り組んできたストーリーは、次の世代の社員たちが語り継いでいく。やがて伝説となり、社員の誇りを守るルールが出来上がる。自社の最高の決め技は「これだ」と見極めることができると、進むべき道が明確になる。「私はこの会社の未来を心から気にかけている」。そう思える社員を育てることが競争力の源泉である。

マナーや身だしなみ、果ては社内のスリッパの揃え方まで、きちんとした会社とそうでない会社を比較すると、前者の方が必ず業績は良い。日々足元の環境整備に気を配ることが成功に繋がる。経営者が何事もよくわかっていないと会社の経営はできないし、社員との信頼関係も生まれないものだ。

こんな社員が育つ会社は強い

・私は自分の会社の未来を心から気にかけている
・私はこの会社で働いていると誇りを持って人に言える
・私の仕事は個人的な達成感を与えてくれる
・私は自分の会社を働きやすい職場として友人に
　推薦できる
・私には、会社の成功に貢献する個人的な動機がある
・私の会社は最善を尽くそうという気持ちに
　させてくれる

（6）経営会議の場にて

　会議には必ず課題（議題）が必要である。営業会議は週に1回、工程会議も週に1回、会社全体の会議は月に1回、経営会議もできれば月に1回は日時を決めて行う。会議にも重要度があり、最も大事なのは経営会議で、会社の進むべき方向を決め、進捗を確認する。

　営業会議では、今週の行動予定と先週の行動結果を報告し、それぞれの目標の進捗状況を把握することが重要である。キーマンに会えたのか、きちんと売りたい商品の話ができたのか確認しなければならない。定型の行動報告書により、日時、訪問（面談）先、面談相手、時間、内容、受注可能性金額・時期あるいは受注金額・納入時期、および見積書の提出の有無くらいは最低必要である。

面談内容を細かく書かせる必要はないが、経営者が正しく把握していないと、的確な指示ができない。

　目標は課やグループに課して、それを管理職が配賦しなければならない。管理職は自分の課の目標達成のため、部下を教育する。次に、議題とその議事録を作り回覧することが重要である。証拠を残すことで初めて仕事をしたことになり、何も残らないとつい、いい加減になっていくものである。

　逃げることを許してはいけない。社員が言い訳するのは、経営者の感情の動きが気になるからである。経営者が事実に即して決定し、良い行動を奨励し、社風に合わないことは改善する姿勢があれば、結論を短く（言い訳せず）報告できるようになる。経営者はできる限り報告書にコメントを残して、社員とコミュニケーションを取るようにしたい。会社が意思決定したことを皆で実行する体制を作るのである。

12 第12の習慣：
宿命を受け継ぎ、ど真ん中を進む

（1）事業承継

　中小企業の事業を承継するには、少なくとも5年はかけて取り組みたい。後継者には会社の基本的な業務を一社員として覚えさせ、社員の気持ちを理解させ、気軽に話せる雰囲気を作ることから始める。その後、管理職としての訓練、経営者としての訓練、そして取引先、金融機関等との付き合い方を教える必要がある。人脈の引き継ぎも大事である。株主であることと、事業を承継することは全く別のことである。リーダーになるためには、相手の立場を気遣う気持ちや、客観的な判断をする力、そしてリーダーを支援してくれる部下を持つことが必要で、社員がやる気をなくせば会社は単なる箱になってしまう。

　父親と息子が会長と社長。よくあることだが、なかなか意思疎通がうまくいかないケースが多い。親子でも、会社の中ではトップと社員として長くけじめをつけてきた関係である。社員の手前、息子だからといって優遇すると社内の和が乱れる。実力を発揮し、成果を上げないと社内に示しがつかない。しかし、あまり行き過ぎるとお互いのコミュニケーションがなくなってしまい、本当に必要な事業の心を引き継ぐタイミングを失ってしまうことになる。社員の立場から見ても、会長と社長のどちらについたら良いか、余計なことを考えてしまうことになる。こうした両者をうまく結びつけるのが顧問税理士であり、金融機関の職員の役割であろう。父親はこの話

をしたかった、しかし息子はこれを言いたかった、というすれ違いがないように、事業承継の一番の肝は親子の気持ちの行き違いを是正することにある。

　後継者が事業を引き継げば、これまで経験したことがないような修羅場に直面することになる。改革をしようと先頭に立ち、意欲満々で取り組んでいるのに、「親の代からいる番頭格の役員が言うことを聞かない」「多数の社員が反発してくる」といったことや、自分の意見を通そうとして失敗する例も多い。

　こうした時、後継者はいったん自分の考えを保留できるか否かが最初の分岐点となる。相手の考えを深く受け止め、中小企業ならではの問題の本質をしっかり突きつめる姿勢が大事である。このプロセスを飛ばして、いきなり理想論を振りかざしたところで、決してうまくいかないものだ。

`column　生涯修行、臨終定年`

事業をやり通して５０点、きちんと引き継いで５０点

（2）カメさんだよ

　この経営者だけは絶対死なない、と思っていた人が亡くなった。水泳の達人であったその人は、後継者の息子が小さい頃に肩に乗せて泳いでよくこう話したという。

「カメさんだよ、カメさんだよ。今は子亀で親亀の上に乗っているが、いずれは君が後継者として事業を引き継ぐのだよ」。不幸は突然やってきた。会社は混乱したが、番頭が後継者に指名されたこの息子を支えた。

　番頭は先代社長の信認が厚い人物ではあるが、イエスマンではなかった。先代社長の前で正論を唱え、煙たい話も平気で言う人だった。それで先代はこの番頭を信任していた。先代が亡くなった頃は、主力取引先からの受注が減少してきた時期と重なっていた。後継者はまだ若い。入社後は先代の方針で現場の仕事を覚えるために、工場で他の社員と一緒になって油まみれで働いていた。早急な対策を打つことが社内外から期待されていたが、後継者は葛藤していた。自分の判断ミスが社員やその家族の生活にまで影響を及ぼすのが怖かったのだ。番頭に背中を押されて社員に語りかけた。「何としても会社をつぶさない。俺を信じて付いてきてほしい」。主力工場の１つを売却して、本社工場を集約化した。不動産担保を解消し借入金を返済した後に、手元に相当なキャッシュを残して少なくとも１〜２年は事業継続できるように資金繰り面で余裕を持った。後継者はその後番頭と相談しながらありとあらゆる課題に真剣に取り組んだ。多くの先輩経営者の話を真摯に聞き、社員とも真剣に語り合った。

　数年後、受注が回復してきた。身軽になった財務体質

が奏功し、事業は再び軌道に乗り始めた。必死な想いが会社全体を1つにした。

> **column　二代目の覚悟**

・覚悟を決めれば底板が現れる
・人生2度なし
・先送りは地獄の1丁目行き
・矢印は自分に向ける（他人に向けている間はダメに決まっている）

（3）二代目はつらい

　二代目以降の経営者は、どうしても先代と比較される。成功する二代目はほぼ間違いなく修業時代に睡眠時間を削って仕事をしている。顔を見ると寝不足で青い顔をしている。トップがそう仕向けているのだ。社員も二代目の働きぶりを見て、頼りになる人物かどうか観察している。口先だけの人か実行力のある人か。会社の将来がかかっているので、皆真剣だ。二代目は自社の現場の実態に触れて、先代は何をしてきたのだ、とつい考える。会社では先代に直言する場がないので家で親子喧嘩が始まる。親子の意見が合うことの方が少ないし、そのうち親とは口も聞きたくなくなってしまうが、しばらくして先代も懸命に頑張ってきたんだと腑に落ちる時が来る。こ

のような時期を乗り越えて社業への理解がしっかりと固まってきたら、後継者としての準備ができたと言える。

　社長に着任した直後に社員から無視されて心が折れそうになった後継者がいた。社員に認められようと焦れば焦るほど、社員との距離が離れていった。自分自身の立ち居振る舞いの誤りに気が付いたのは数年先だった。社員は何のために働くのか、どのような人生を送りたいのか、この会社は何のためにあるのかを考え始めた。やがて現場で死にもの狂いで仕事をしたおかげで、真の経営課題が少しずつ見えるようになった。

　経営をバトンタッチする際には、先代経営者の進退が重要である。会長として会社に毎日出勤してくると、社員もどちらが実権者であるのか迷ってしまう。引退を決めたのならば、しばらくは会社に行っても、一定の時期からは相談を受けない限り一切口出しはしないことが重要だ。そうしないと、新しい社長はなかなか今までの制度を変えることができない。何かを変えようとすれば当初は失敗するものであり、むしろ失敗がなければ変化は生まれないとも言える。失敗しても、会社が傾くほどの失敗でなければ問題ない。

　他人の意見を吸収することで経営者の能力はアップし、実行力も増してくる。過去の成功体験にとらわれなければ、変化する気持ちと失敗を恐れない気持ち、他人の意見を素直に聞く気持ちは、訓練によって養われていく。

経営者となったからには、社員を引っ張っていかなければならない。経営者の仕事の半分以上は、人事管理にある。

column　後継者の留意事項（ある後継者の述懐から）

- 後継者が実力を発揮できるようになるまでには１０年はかかる。先代は背後にいて見守ることが必要
- 社長の第一の仕事は自分の健康を守ることである。主治医を持つ。健康でなければ事業承継も発展も望めない
- 先代は社員と一心同体だが、二代目はそうはいかない。社内の協力体制がなければ事業承継はうまくいかない。後継者を決めたら、親子で計画を立てて営業・労務・経理を徹底的に学ぶことだ
- 借金を恐れるな。良い借金は夢を実現する
- 納税を恐れるな。納税は信用を作り、脱税は死に金を作っているだけだ
- 相続税は目に見えない怖い借金である。法が許している節税策を研究して実行すべきである
- 先代の胸の内には二代目に対する不安、権力を失うことへの不安、待遇が悪くなることへの不安が渦巻いている。先代の不安を取り除くのは親子のコミュニケーションである
- 二代目は妙なエリート意識や権力意識に取り込まれると甘くなる。真剣に叱ってくれる人を持つことが大切だ

（4）思想

　１本の大きくまっすぐな木が描いてある絵画をじっと眺めている男がいる。ここはある社長室。先代から経営を引継いだばかりの頃だった。「正しいことをしているだろうか」と、この絵を見ていたのだろう。

　猛烈に変化するビジネスの世界で存在意義を発揮するためには、何が必要なのだろうか。商品（製品）の信頼性を高めること、卓越した業務プロセスを作り込んで他社からは真似ができないレベルのＱＣＤ管理（「Quality(品質)」「Ｃost（費用）」「Delivery(納期)」）を行うこと、お客から本当に望まれることを実行すること、そして優秀な人材を育てることも重要である。これらは会社の信用そのものである。「経営力とか生産性は、結局は経営者の心のありようだ。社員は損得ではなく納得して動くものである」と彼は断言した。「人材」については数字や決算書に表すことができない。社員が経営者にそっぽを向いたり、退職してしまえば会社の実態はなくなる。朝、会社に来たら誰もいなかった、売上が突然なくなった、といった夢を何度も見てしまうのが経営者だ。社員の定着は経営にとって切実な問題である。多くの悩みを抱える経営者であるが、社員の前ではそんな悩みを見せられないから辛い。

　業歴の長い会社においては、親族や社内等に経営に関係のない株主が分散し、経営が不安定化するケースが少

なくない。事業を承継させる者に経営権を集中させることがセオリーである。自社株相続を兄弟で争っているうちに会社自体がうまくいかなくなるケースや代償分割の負担に苦しむケースもある。中小企業の株式評価は難しい問題を含んでいる。財務的に自己資本を充実させるだけでなく、株主構成を見直すために中小企業投資育成株式会社の制度等を検討する会社もある。経営者が事業を承継する時は、新たに会社を創業し直すくらいの決意が必要だ。事業承継には税法等に照らして適切・合理的な手法も必要であるが、社員が安心して働ける会社にできるか、後継者がこのことを心の底から理解できるか、後継者の覚悟が問われている。

金融機関が重視する会社の非財務情報

経営者の使命感・責任感	第1位
後継者の有無・教育	第5位
経営計画の有無	第6位
業界動向	第14位
右腕人材の有無	第19位

・帝国データバンク調査2013
(全61項目から、本書に関わる項目を抜粋)

(5) 創業者と後継者（親子の対話と教育）

　事業承継は経営者の最も大事な仕事である。何事も会社の理念をしっかり堅持しておかないと、仏を作って魂を入れないことになりがちである。

　創業者はなんでもやってやろう、というチャレンジ精神や社員を徹底的に鍛え上げるといったカリスマ性を有するタイプが多い。初代はある意味、思い通りやってきたが、二代目、三代目となるとこうした面は薄れる。調整力や部下の育成に心配りをする経営者が増えてくる。初代が作り上げた形を意識せざるを得ないからだ。経営者には攻める経営も必要だが、守りはもっと難しいのかもしれない。

　４０代で会社を引き継いだ二代目経営者がいる。先代はまだ元気であるが、会長になってからは経営に口出ししないと決めていた。創業者から見ると、後継者の経営のかじ取りは危なくて見ていられないことがたびたびあったらしい。後継者には程良く失敗をしてほしいが、周囲が社長になった途端にちやほやして困る。それでも、社長から相談がある時だけ意見は言うが、最後は社長が決めることだと突き放して育ててきた。５０代になって後継者の経営が光り輝くようになってきた。いくつかの失敗を乗り越えて人物鑑識眼もしっかりしてきた。社長としての自信が表情にうかがえ、取引金融機関も安心していろいろな提案をするようになった。普通の後継者は

事業を引き継いだ後、何とか先代と違った面を出そうと焦るものだが、この経営者は１つ１つの課題を実に丁寧に解決してきた。父親も立派であるが、息子も耐え、成長している。

　息子３人が入社した会社の経営者は、子供たちが小さい頃から家庭内でも経営を行う意識を持たせていた。子供たちに仕事の話を聞かせながら育て、妻がそれを補佐した。会社の対外的な重要行事である工場の竣工式や営業所の開設式等には、学校を休ませて必ず参列させた。会社は社会の公器である。子供たちは、経営者の想いやそれを支える社員や地域住民の気持ちに触れ、知らず知らずのうちに経営のことを考えて育った。兄弟の順番を意識し、互いの役割を考え、社員に対する言動等も自然に身に着けた。３人の兄弟は経営者を支える幹部として立派に育ち、息の長い事業承継は最終コーナーを迎えようとしている。

（６）会社の存続要因

　中小企業では、経営者の行動や考え方そのものが決算書に映し出されている。経営者が若く元気であれば元気な会社になるであろうし、ベテランとなり酸いも甘いも噛み締めてきた経営者であれば、その経営する会社も土台のしっかりした会社に育つだろう。会社の成長や衰退は、事業の環境変化による影響も大きいが、経営者によ

る日常の経営習慣が正しく行われていれば、経営危機が発生しても乗り越えることができるだろう。

　中小企業経営とは人間臭いものである。経営者は多くの失敗から学び、自らの損得の世界から離れて他者の利益や幸福、地域の活性化や人材の育成、ありとあらゆることをいつも考えながら、事業とともに成長していく。世の中には立派な中小企業経営者は数多くいるが、最初から立派な人は少ない。若い頃はずいぶんやんちゃなことをしてきたと話す経営者は数多い。

　不易流行という言葉がある。不易とは時代が変わってもその事象に関しては変化がないことを言い、不易と流行とは相反するように見えるが、いつまでも変化しない本質的なものを忘れずに、変化を重ねている新しいものを取り入れていく。事業運営には、その会社独自の経営理念が必要であるが、１００年くらい続く会社は経営理念をきちんと継承しながらも、変えるべきところと、変えてはならないところを明確に分けていることが特徴である。

　本業の中味は時代によって変化する。構造変化に対応できれば大きな成功を得られるが、失敗すると会社は倒産する。冷静に社会情勢の変化を見極めないといけない。事業承継の難しさもここにある。中小企業は、それぞれの代の経営者に相当な葛藤があり、幾代にわたり経営を繋いできているものである。中小企業経営は人間学の集

大成のようなものであり、信念を曲げずに懸命に生きた人だけが到達できる、独特な世界がある。

長寿企業に見る「伝統」と「革新」

変化させてはいけない伝統	時代の流れに対応する変化
➤顧客第一主義	➤顧客ニーズへの対応
➤本業重視の経営	➤時代の半歩先を行く
➤品質本位	➤販売チャネルの見直し
➤製法、技術の承継	➤本業の縮減を前提とした新事業の確立
➤社員重視	➤家訓の解釈を時代に合わせる
➤企業理念の維持	

(7) 事例：社員に事業承継しようとする会社

　創業50年の製造業者、社員数100名（社長就任時50人）、経常利益率10％、自己資本比率60％。

経営の目的は、「社員の幸せの追求と実現」。現社長は4代目で10年程前に就任。将来社員に事業承継することとし、「社員主体経営」を実践しつつ、次の3つの取り組みを柱にして事業承継に向けた体制作りを行っている。少々特殊な例だが、その社長の具体的な取り組みを紹介しよう。

①社長自身の成長のための取り組み

　社長は、経営者とは「社員の幸せの追求と実現」を達成するための最高責任者であり、それを具現化するためには社員が主体となって会社を経営していく「社員主体経営」が必要と考えている。そのためには立派な社員が育たなければならず、まず全社員のリーダーである自分が尊敬される人になることを目標にしている。

　「社員目線を忘れない」ために、毎年全社員に「社長としての自覚を持ち、経営に熱心に取り組んでいると思いますか？」とか「社員とのコミュニケーションは取れていると思いますか？」といった１０数項目の社長評価を匿名で実施してもらい、その集計結果を社内に掲示するとともに「経営計画書」に掲載し、社外の支援先にも配布している。

　また、そこに寄せられる社員からの質問事項に対して自ら回答し、社内に掲示している。年度末には必ず全社員と個人面談も行うが、これは、自分自身がブレずに成長していくために自ら課した課題であるとともに、時間のない中でも社員とコミュニケーションを取ることが重要な仕事と考えて取り組んでいる。さらには、社長が社員目線を忘れ、裸の王様にならないよう、社長と社員がともに株主総会において社長解任の動議を出す練習までしている。

②社員の成長のための取り組み

１．国家技能検定試験への挑戦

　「社員主体経営」の取り組みはまず、国家技能検定試験への挑戦から始まった。現社長就任時に資格取得者はほとんどいなかったが、いまや多数の取得者数を誇り、さらには大企業にも取得者がほとんどいない「特級」の有資格者が複数いる。社内に資格支援の諸制度があり、社長の志がこのような風土作りに繋がっている。

２．人時生産性(にんじせいさんせい) の向上

　人時生産性とは、１人・１時間当たり粗利益を言う。計算式は「１日の粗利益÷その日に勤務する人の勤務時間合計」で示すことが多い。同社社長は、社員の幸せは他から与えられるものではなく、自ら発見し努力して得られるものであり、さらなる成長の糧となると考えている。社内では１人・１時間当たり６５００円以上を稼ぐことが目標になっているが、それ以下の受注は自動的にリストアップされ、その中味を検討して目標を達成させる対策を取っている。その結果として基準を下回ることになれば、顧客に対して値上げの交渉をするか、ライバル会社に仕事を譲ることにしている。

　製品別・物件別・取引先別等の原価をいつでも誰でもどこででも見ることができるシステムが構築されていて、ＩＴ投資は常時行っている。現場では、生産性が上がる連鎖も出来上がり、営業面でも単価設定の見直しや受注

先対策に活用でき、無駄な値引きがなくなる効果が出ている。

3．見える化の推進

原価管理だけでなく、個人のプライバシーに関わる情報を除くすべての経営情報を公開している。例えば賞与・給与の査定における数値基準が明確に示され、人事評価に対する公平感が高まった。取締役会・株主総会等の議事録も社内に公開することにより、経営の透明化・健全化も図られている。

4．決算書勉強会の継続

社長は、専務時代から全社員を対象とした決算書の勉強会を続けている。最初の頃は、勉強会が終わった後、ゴミ箱に教材となる決算書が捨てられていた。ショックでしばらくの間勉強会を開催できなかったが、教え方が悪かったことを反省し、以後わかりやすい説明を工夫し継続している。継続して開催すること自体に価値があると考えている。

5．権限移譲

日常業務は現在、社員が主体となって運営されている。経営計画書も原則社員が自ら作成することにしている。最初の数年間は、実際には社長が大半を書くことになってしまっていたが、徐々に社員が自ら考えて書くようになった。今では、経営基本方針を社長が書いた以外は、売上目標も利益目標も社員が決めている。組織や人

事・給与制度の見直しや人事考課等も社員に任せている。

③ その他の取り組み
1．経営理念の再構築

経営理念を「私たちは会社の永続的発展を図り、より良い製品を通じて地域社会の繁栄に寄与するとともに、私たちの人間成長と福利を増進する」とした。また、経営目的を「社員の幸せの追求と実現」と定め、それを具現化するために次の6つの経営基本方針を定めている。

> ① 常に社員の目線で経営の透明性をチェックしていく
> ② 努力し働く社員たちのための経営システムを構築していく
> ③ 一緒に働く社員とその家族の生活の向上
> ④ 不況でも成長できる自立型企業を目指す
> ⑤ 経営・営業・技術・加工・施工のすべてで一流のプロを目指す
> ⑥ 業界における売上・利益・給与のすべてでNo.1を目指す

2．経営の心の共有化

「感謝の気持ち」を中心に置いた「人を大切にする人間味のある能力主義」が基本である。業績不振時には社長から率先して報酬をカットし、業績が回復する時は最後に引き上げることにしている。

3．公私混同不可の明確化

社長は、会社の切手を使ったらお金を支払う、会社の車を日曜日に使用したら使用料を支払う、というように

公私混同しない。社長評価の中に「業務において公私の区別をしていると思いますか？」という項目を入れ、自らチェックしている。

13 第13の習慣：
山あり、谷あり、魔坂（まさか）あり

（1）会社の寿命

　会社にも寿命というものがあるのだろうか。日本政策金融公庫は転勤が多い。全国各地を数年おきに転勤する。二度目の勤務となり、若い頃に担当した会社の消息を知ることがある。当時元気いっぱいだった会社が倒産していた。経営者が交代したが、事業継続がうまくいかなかったと聞いた。

　３０年前と全く同じくらいの規模で事業を継続している会社があった。ある特殊な用途の分野で研究開発を続け、大手企業とのパートナーシップが強化されていた。その会社がいないと製品が作れないようなポジションになっていた。この会社は独自のポジションを確保し、研究開発に余念がない。売上はそんなに増えていないのに、収益力は飛躍的に高まっていた。儲けは研究開発や人材育成に投入し続けている。

　あるレストランは、バブル時代に大がかりな施設を建てた後、不振となりその後買い手がつかなかった。日本中が土地や株の高騰に沸いていた時代である。高級な食材や立派な施設でお客を呼ぼうとしたが、浮かれた時代は長続きしなかった。設備は使わなくなるとすぐに老朽化してしまい、あっという間に価値がなくなってしまう。そして膨大な借金だけが残る。

　新たに買主となった経営者は、金融機関からの紹介でこの物件の存在を知った。サービス業を展開するその事

業の経営者は事業のヨコ展開を考えていたが、会社の買収に当たっては特にストーリー性にこだわった。その場所の意味付け、料理を味わうお客の人生、料理人が提供する食へのこだわり。売却希望価格を大幅に下回った価格で購入し、浮いた予算で必要な修繕改修を大胆に行った。一流の建築家やデザイナーを雇ってコンセプトを検討した。料理人の想いが伝わるブランドを徹底的に追求したレストランで、評判が高まり予約がいっぱいになった。

column　多角化を行うタイミング

- 既存の事業と顧客が重なる事業を検討する
- 新規事業が当面赤字になっても会社が継続できる程度の投資で始める
- 既存事業と全く異なる事業はまず成功しない
- 多角化は、既存事業が軌道に乗ってから始める

（2）金融機関職員と税理士の役割

　金融機関の職員は経営者の話をよく聞いて、深いレベルで経営相談を行えるよう中小企業の現場をたくさん見てほしい。「この社長はすごい！」と思う経験をたくさん積んでほしい。過去の取引履歴についてもよく研究しておく必要がある。ある会社はある出来事をきっかけ

に「この金融機関とはいつか絶対縁を切る」と決意しながら、時機を待ってその金融機関との取引を一切止めた。こうした例もあり、しっかりとコミュニケーションを取っているつもりでいても、経営者の心の中は見通せないものだ。それでも経験を踏み固めていけば、辛口の話をしても経営者からの理解を得られるようになる。中小企業経営者が金融機関の職員へ向ける顔は、社内の顔とは全く異なるものだ。命がけで事業を行っている経営者に良い提案ができるように、自己研鑽が必要である。

　税理士は良い金融機関担当者がいれば経営者に紹介することができるよう、地域の金融機関の情報にも気を配ってほしい。また、経営者の頭の中にある経営課題についてその優先順位を整理し、金融機関に対して会社の業績をわかりやすく説明してほしい。税理士登録者は全国に7万人以上いる。税理士は会社の強力なサポーターである。

　経営者は、少なくとも基礎的な数字は自分で把握することが大切である。数字の苦手な経営者は多いが、ビジネスの勘所は会計思考と言っても良い。自社の決算書を10年分程度用意して、すべての科目と金額（千円単位で良い）を自分で書き出して整理することから取り組むと良い。そうすることで、金融機関に数字の説明もできるようになる。

　金融機関は情報の宝庫である。長期の借入金は返済期

間を長く設定している。融資は投資が成功するまでの間、時間を借りるようなものだ。支払金利は借入金の調達によって時間を借りたことへのお礼だと割り切り、金融機関主催の異業種交流会等にも出かけ、こうした姿勢は金融機関からも評価され、ますます良い情報が集まるようになる。

(3) 辞める理由、辞めない理由

　社員が辞める理由には様々あるが、最も重要なのは、仕事量・質と給与のバランスであろう。給与が他社より高いと経営者は思っていても、社員からすれば、他社よりも２倍働いているのだから安いと感じていることもある。一方で、同業他社に比べて給与が安くても、やりがいがある仕事であれば辞める社員は少ない。

　残業は、社員自身が納得して行っている場合でも、限度を超えて続くと精神的に疲れてくる。その結果、やる気があって自ら進んで残業をしていたはずなのに、急に仕事に不満を持つことがある。残業が多い子息や配偶者に対して、家族から辞めるように促されることもある。

　経営者として、残業時間は常に気にしなければならない。社員の健康に気を遣うだけでなく、社員に長く働いてもらうためでもある。残業時間が一定の時間を超えないようにし、労働基準法を守る。残業代の上限を決めて経営することも、有効な残業コントロールの方法である。

残業が長く続いた後は、休暇を与えてリフレッシュさせるとか、社員の様子を見ていつもと違うところがあったら何気なく理由を聞くといった、声かけが大事である。

　採用する際には、できれば経営者自ら社員の両親等、身元保証人の自宅まで行き、自社の業務を説明し、働いてもらうことの感謝の意を直接伝えておくことだ。そうすることで、社員の両親からの信頼度も高くなり、急に辞められる可能性が低くなる。

　退職する社員の本音は、給与の問題だけではないことが多い。よく聞くのは、①経営者や上司の仕事の仕方が気に入らなかった、②自分を正しく評価してもらえない、③労働時間や働く環境が不満だった、④上司、同僚等と気が合わなかった、といったものが多い。せっかく採用できた社員をこうした要因で退職させるのはもったいない。

（4）経営者のリスク管理

　失敗は成功の母である。練達の経営者となると、ほどほどの失敗はいとわない。数字（資金繰り）が頭に入っているから、どのくらいまで失敗してもいいかわかっている。社員も苦労を経験することで、多少の困難にも立ち向かっていくことができるようになる。考え抜いて必死になって努力を重ねていくうちに希望の光を見出す。そんなことができる企業集団には良い「気」が満ちている。

食品加工業という業種は、安心・安全は当たり前で、消費者からの厳しい視線を浴び続ける。食品の生産および流通過程における追跡可能性、いわゆるトレーサビリティが限りなく求められる時代である。忍び寄る法務リスクにも早期に対応することが求められる。食品偽装問題から始まり、会社の不祥事がネットで一挙に明るみに出る、不良社員による信じられない行為が世界中にバラまかれる、といった報道が後を絶たない。消費者の厳しい目に対して、ことのほか気を配る時代になってきた。

ある食品メーカーは、儲けの大半をこうした環境投資と社員教育に投じてきた。何が起きるかわからない時代で頼りになるのは、新鋭の設備投資に加えてマニュアルの整備と人材教育である。リスク管理の専任担当者も増員し、インターネット上の口コミ等もきめ細かく点検している。

企業防衛や事業承継という中長期的観点では、経営者保険や各種の事業保険の検討をしておきたい。普段から財務を磨いてもいざという時に対処するには限界もあるだろう。そういう時に備えて税理士や金融機関と相談し、企業防衛に必要な金額を検討し、保険に加入することも考えてもらいたい。

第13の習慣：山あり、谷あり、魔坂（まさか）あり

会社を守るお金の用意 (企業防衛保険)		
運転資金 固定費用 借入金返済 その他負債 納税資金	社員退職金 役員退職金	事業承継資金

⇒ 売上が数か月〔0〕でも経営できる金額

（5）管理者を育てる

　社員１０人程度の規模の会社であれば細かい管理は不要だと思うが、５０人を超えてくるとマネジメントが難しくなるケースが多い。幹部を育てるのが経営者の仕事でもある。ある会社の部課長の心得を掲載する。中堅社員のマネジメント力発揮が、何より会社を強くするために必要だと考えている会社である。良いマネージャーが増えると売上は増加する。

　組織は大企業病に侵された途端に、都合の良い情報が増幅する半面で、都合の悪い情報はフィルタリングされていく。中小企業には営業や技術に強い会社は多いが、管理部門が弱いケースがよく見られる。これからは文書が残せて、周辺事業を含めて一貫性、整合性を図れる提

案力のある会社が伸びていくと考える。中小企業におけるミドルマネジメント層には、こうしたことの実行責任者であり説明責任者であることの強い自覚が必要である。

（部課長の心得）

① 部課長は会社の成長エンジン

　　プロセスや部下への関与の仕方を間違うと、誤った結果で返ってくる。戦略は細部に宿る（細かい点を見逃さない）。脳みそに汗をかくほどマネジメントのことを考える。

② 伝達とコミュニケーションを使い分ける

　　指示は短く（文書と図を活用する）、伝わったことを確認する。決めたらブレない。言わせる、書かせる、表現させる、事実に基づいた評価および行動を行う。

③ 鬼の手と仏の心

　　規律を守らせたうえで、チャレンジさせる。時に突き放す（安易な甘えは許さず最後まで完結させる）。できないと決めつけない。仕事をさせる（作業だけに埋没させない）。双方がプラスのストローク力を発揮する環境作りを心がけ、フォローする（わくわく感が大切）。

④ 学び続ける謙虚な心

　　進化、深化、新化。人脈を広げる。俯瞰する高い視点を持つ。課員が馬鹿に見える時は部課長落第の入り口に立っている。

⑤ 部下の成長にコミットする

　　　　個人面談には入念な準備を行う。人間同士、向き合う気持ちが大切。ともに成長する心構えを持つ。傾聴、共感と明確な指示（ゴールへのストーリー）。課員に良い習慣を身に着けさせる。仕事を通じて豊かな生き方を示す。自分のコピーを作らない。
⑥ 責任者としての自覚（心技体）
　　　　マネジメントに気持ちが入っているか。部下指導こそ腕の見せ所。品質とスピード。部下と正面から向き合う。
⑦ 選択と共有
　　　　縦横斜め、1つ上、2つ上の動きをよく見る。ひと手間加える。不（不満・不安等）を除き、予（予測・予防等）を高める。素早い判断が組織の血流を良くする。失敗は成功に続くステップである。
⑧ スケジュールを管理支配する
　　　　残業は互いの時間を奪い合う。仕事のズレ、ゆがみを修正するタイミングを見極める。戦略的時間配分は互いを高める。与えなければ何も得られない。
⑨ 努力・忍耐・努力のマネジメント
　　　　初めからマネジメントの上手な人はいない。自ら変化しないと周囲も変わらない。1つの経験から何かを汲み取っていく辛抱さを持つ。常に勉強。

（6）経営者の健康管理

　　経営者はいつも事業のことを考えている。事業の成果

をきちんと出している経営者ほど健康に気を遣っている。経営者ともなると会合への参加も多くなるが、二次会は行かない人も多い。一次会だけ出て、そこで吸収できるだけの情報は吸収して帰る。翌日すぐに行動を起こす。頭はいくら使っても、お金はかからないのである。長く経営に携わるためには健康管理でも一流でないといけない。会社を良くしたいのなら、まずは足元を大事にするべきである。家族と健康だけは絶対に粗末にしてはならない。仕事は満足や納得を与えてくれるが、幸せは与えてくれない。経営者を幸せにしてくれるのは家族や社員である。

　朝の空気を体中に吸い込んで、座禅をして真向法を行う。その経営者は８０歳を過ぎているのにも関わらず、今でも早朝の散歩を行い開脚して胸が床に着く。ある社長は、スクワットを日課として行っている。ある社長は、体力強化のためにいつも重たい鞄を引っ提げて動き回っている。電車では立ちエレベーターは極力使わない。サプリメントを活用し、常に体のケアを怠らない。ある高齢の社長は指だけで腕立て伏せができてしまうほど、体を鍛えている。

　高い視野や倫理観、現状に甘えない克己心、努力を惜しまず常に成長を心がける経営者が、立派な会社を作り上げる。そういう人は普段の習慣として笑顔を常に意識している。勝利の女神は謙虚で明るい人を好み、威張る

第13の習慣：山あり、谷あり、魔坂（まさか）あり

人や暗い人は嫌うものである。それは中小企業経営者ならではの孤独感との戦いとも言える。重要な判断を下す時、業績が上がらない時、資金繰りが厳しい時、社員が思い通りに動いてくれない時等、経営者はいつも孤独である。良い業績を上げている中小企業の経営者は、孤独と向き合う方法を身に着け、経営者にしか味わえない上質な1人の時間を堪能し、孤独感を自社の成長や事業の活力に変換できる能力が高い。

　経営者が病気になったとしても、後継者または経営を代行できる管理能力がある者を育てておけば、業績が急激に悪化することはない。営業社員それぞれが単独でノウハウを持ち、組織としての営業ができていない状態は改善が必要であり、早目に組織対応できるようにしておきたい。誰が担当しても同じ結果が出せるように仕事の仕方を考えておきたい。経営者は、自分が死んだら会社もそれまでだ、という無責任な考えでは困る。社員の生活がかかっているし、取引先の商売にも悪影響を与えることになる。時には1週間程度休むことで、会社の幹部社員に経営の経験を積ませる機会を与えておこう。社員に行動基準が浸透していれば、経営者がいなくてもどう行動すればいいのか、日頃からわかるようになる。実際にその通り行動しているかチェックできる体制を作っておく必要がある。

column　心のセルフチェック

・過去のことばかり考えていないか
・人の行動や考えばかり気にしていないか
・すべて1人でこなさなければならないと思っていないか
・やり方ばかり気にして目的を忘れていないか
・利他を意識して考え、行動しているか

14 第14の習慣：ゆっくり成長

（1）信頼と放任は別物

　社員を信用することと、放任することは全く違う。不正が起きる会社は、チェック体制を変えない限り何度でも起きる。人間誰しも目の前の誘惑には弱いので、その弱さが出てこないように体制を整えるのが経営者の役割であると認識し、社員を信頼しながらもしっかりチェックすることである。

　大事なことは、①チェックしていることを繰り返し周知すること、②もし不正を行った場合はどんなに小さなことでも評価は最低にすること、③処罰したことを全社員に知らせ、今後も断固たる処置を周知すること、が重要である。例えば、営業社員が売上ほしさに決められた額以上の値引きを会社に無断で行ったり、自腹を切って値下げ分を補填した場合、それが１円であっても評価を最低にしなければならない。ちょっとした不正を許せば、あっという間に大きな不正に繋がるからだ。

　在庫、売掛金、および現金は必ずチェックすべき項目である。在庫は、単価が安く量が多ければロット単位でも構わないが、帳簿と毎月合わせることが重要である。そうすることで不正が防げるだけでなく、滞留している在庫を把握することもできる。売掛金が締め日より遅くなっている場合は、担当者以外から督促するルールにすることで、不正を防げるだけでなく得意先の状況についても把握することができる。現金は、必ず毎日帳簿と合

わせないといけない。毎日行うルールがあれば、不正は防げる。

column 信頼するということ（ある会社の標語より）

・最初から信頼は存在しない、初めにあるのは期待である
・期待に応えた実績を出すと信頼になる
・期待を上回る実績を出すと高信頼となる
・期待を大きく上回る実績を出すと感動になる
・期待を上回る感動を生み出す相互のサイクルを作ろう

（2）成長と膨張

　自己資本の成長率が売上の伸長率を上回り、売上の伸長率が総資本の伸長率を上回っていることを、一般に「成長している会社」と言う。逆のパターンは「膨張」と言える。利益が伴わず一本調子で右肩上がりというのは、普通はあり得ない世界だ。まして、在庫や売掛金等がやたら積み上がっていくと大変である。

　中小企業ではゆったりと、時に減速しながらもグルグルとらせん状になりながら、少しずつ右肩上がりになって成長するのが良い。「凡事継続」で有名な伊那食品工業の塚越寛会長は、「良い会社は遠きをはかりゆっくり成長」と説いている。継続的な黒字企業は、利益が合理的に蓄積していく強い財務の体質を作っている。

成長と膨張には根本的な大きな違いがあり、適切な成長を心がけないと、会社は無軌道に走り始め、やがて倒れてしまいかねない。会社には、売上規模で言うと５億円、１０億円、３０億円、５０億円と、乗り越えないといけない壁が存在している。組織を固めないまま、膨張を成長と勘違いすると、会社は余分な脂肪が体に溜まっていくものである。定期的な健康診断として、税理士のチェックを受ける習慣を持ちたい。

　会社の成長には、自己資本の成長を伴う必要がある。そして自己資本が成長するためには、利益を出すための仕組みと人材を活用する経営者の成長が必要になる。会社の成長は社員の成長である。

資本の成長

- 自己資本伸長率＞売上伸長率＞総資本伸長率
　　　　　　　　　☞　成長

- 自己資本伸長率＜売上伸長率＜総資本伸長率
　　　　　　　　　☞　膨張(*)

（*）膨張は、粉飾や不正を生む

（3）ネットワーク経営

　金融機関には、お客同士のネットワークである異業種交流会というものがある。こうした会は積極的に参加し、ネットワークを広げるべきである。経営者は孤独である。

尊敬できる異業種の経営者に師事し、良きアドバイスをもらえることがあれば経営に大きなプラスになる。

　また、力のある会社同士が連携した新ビジネスの構築には熱心に取り組みたい。インターネットで世界中が繋がる時代になった。新しいタイプの巨大企業が出現し、ビジネスの仕組みが変わるかもしれない。１社単独では事業を進化させるのは困難な時代になるだろう。良い会社とのネットワーク構築が重要になるが、多様な考え方を受け入れつつ、自社の独自性は失わないようにしたい。中小企業の効果的な連携は１プラス１が、掛け算効果で３にでも１０にでもなりうる。

　一方で、ネットワークの拡大は事業の拡大とイコールではない。事業拡大を意識しすぎて、営業重視で社員に発破をかけ続けた結果、大量の社員が辞めてしまい、倒産の危機に瀕した会社があった。経営者は悩みに悩んである著名な経営者の講演を聞き、「会社を支えてくれているのは社員である。社員に対する感謝の気持ちが欠けていた。これでは皆辞めてしまうのは当然だ」と、お尻に火がついた。社員と徹底的にコミュニケーションし、社員１人１人が社長と交流する場を設けた。会社全員での行事も工夫した。社員の家族も会社に招いた。次第に定着率が高くなり、採用難となった今も順調に社員を確保できている。

　コスト面から人手不足対策をうまく打ち出せない会社

は多い。中小企業の労働力不足解消に役立つ各種の助成金がある。助成金を単に収入として考える前に、人材を活かすための方策を検討することを考えたい。

(4) 人を活かす経営

　人間は１人１人皆違う。経営も１００人経営者がいれば１００通りの経営がある。人真似は意味がないが、良い経営だと思えば、どんどん教えを乞い自社に合うように取り入れる姿勢は必要である。業種別に会社の好不況を判断する時代ではない。業態として見ても優勝劣敗が出ており、あるのは良い会社と悪い会社だ。世界中のモノや情報が繋がる時代ともなると、中途半端な立ち位置の会社は生き残れなくなる。良い会社は良い努力を積み重ね、さらに今後良くなる可能性が高い。悪い会社は、良い成果を導く努力が不足しているため、業績が不振で財務力が弱い状況に陥っている。

　改善のポイントの１つは人間力を発揮する経営であると思われる。業績の良い会社は社内の空気がとても明るい。社内運動会で社員がチームになって、ゴーカートで競争して楽しんでいるような会社は普段から元気が良い。

　中小企業における一般的な魅力は、①勤務地が限定されていること、②職務が最初からわかっていること、③長く勤められること、④家族に何かあった場合や、中に

は故郷の田植えの時期やお祭りの時期には気兼ねなく休暇が取れて融通が利く、といったことだ。若者にとって、家族や友人とのコミュニケーションは幸せを感じる大きな要因である。また、大手企業にはない点として、自分の仕事が会社の成績に大きく影響し、やりがいを感じられることが魅力である。このように大企業では味わえないことが、中小企業にはたくさんある。この魅力をしっかりと伝えることができれば、社員の確保ができるように思う。

　社員のことを大事に考えている経営者ほど、なぜ社員は自分の気持ちをわかってくれないんだと、ストレスが溜まる。社長と社員の考え方が異なった時、社員が１００％間違っていることはなく、社員の方が正しいこともある。人によって見える景色は違うものである。聞き手がそれを理想論だと感じるか、頑張ればできると感じるかで大きく成果は異なる。それを経営者が素直に受け入れて間違いを修正することで、生産性が上がり仕事が円滑に進む。

　一旦任せた仕事は、社員から相談を受けたり得意先からの苦情になりそうな場合を除いて、口出しは控えることが重要である。そうすることで社員は成長し、やる気が出てくる。また、経営者であるからと言って、社内のルールを破ってはいけない。同じ受注であっても、経営者が取ってきた仕事だから優先的に行うことになって

は社員のやる気がなくなり、工程管理がうまくいかなくなってしまう。経営者は社内で本音が言える雰囲気を作り、自分の考えをすぐには出さずに意見を聞くことが大切である。

> **column　会社の雰囲気を明るくする**

- 任せた仕事には、極力口を出さない
- 経営者であっても社内のルールに従う
- 残業、休日出勤を減らす努力をする
- 会議で本音が言える雰囲気を作る
- 自分が本当に正しいかどうか疑う
- 社員は家族、社員も会社のことを真剣に考えていることを忘れない

（5）女性経営者の感性

　女性経営者はサービス業等に多いと思われるかもしれないが、実はモノづくりをしている会社にも結構いる。箱入り娘と言われていた女性が、オーナー経営者であった父親の突然の死去や家庭の事情から経営を引き受けざるを得なくなった。社内で後継者となる社員を探したが、結局自分でやるしかないと腹をくくった時の女性は大変強い。何にもわからない状況から始まる。とにかく周囲に聞く。どんなに馬鹿にされようが軽く見られようが必

死になって働く。社長になったのに、ある時は社員のためにお茶汲みをしながら総務経理のマニュアルを作り、ある時は工場内の整理整頓をしながら、油まみれになって機械に立ち向かう。家庭では子育て真最中で、母親と経営者を兼ねている女性もいる。

　工場でチェーンを振り回すような不良社員に正面から向かい合って会社を守り通した人がいる。技術を懸命に習得し業界で独自の地位を築いている人がいる。社員のモチベーションを高めるために数多くの工夫を生み出している人もいる。毎日目標ノートに自分の気持ちを書き続け、夢を実現させて成功した人もいる。女性経営者には一度決めたら継続し続ける強さを持っている人が多い。

　最も大切と思われる事業分野に経営資源のすべてを投入し、そしてそれを続けることが成功への道かもしれない。新しい事業は、世の中に認知されていない状況から始まることが多い。会社の大小に関わらず、１つのことを徹底してできる会社が強い。女性経営者の特徴は調和力とコミュニケーションの力ではないかと思う。社員が喜ぶ顔が見たくて、男性経営者にはない感性で判断し行動する。きめ細かい気配りをする一方、決断が早く、決めたら迷わない。結果にも厳しくコミットする。女性同士だと、特に仲良くなって打ち解ける。新しいアイデアがどんどん出てくる。

　経営について男性、女性の区別はそもそもないと思う。

絶対数として女性経営者は少ないのだが、業績面で優れている会社は比較的多い。堅実に無駄なくきめ細かく、社員の気持ちを大事にして周囲のアドバイスに耳を傾ける。人が幸せな会社は、経営者が経営者であることについて天命と思い定めて努力している。そのことが幸運を呼び寄せる力となっている。

> **人が幸せになる会社**
>
> 経営力＝戦略×人間力×運
> 運は天命

（6）リスクは分類して対策を考える

　経営者が抱えるリスクは非常に多い。リスク対応は、気付いた時から始めないと後で取り返しがつかない。リスクは顕在化する前に摘み取るのが理想である。リスクが顕在化してからでは、少なくとも対策前より１０倍以上のコストがかかる。

　経営には上り坂、下り坂、そしてまさか、魔の坂と言われるものがある。社内外にアンテナを張りながら、必要なシステムや体制がうまく動いているかを常に点検するのは経営者でしかできない仕事である。

　リスクマネジメントの例を考える。この図は発生時の影響の大小を縦軸にし、発生頻度を横軸にして、リスク

を分類したものである。この図にあるように、リスクの扱い方には、概ね4つの仕分け方法がある。リスクを低くするのか、回避するのか、具体的に想定されるリスクを書き出して分析検討する必要もあるだろう。財務力を強化することで、対策がより効果的に打てるようになる。怖いのが法務リスクで、どの会社にも起こりうることなので、専門家を活用し、予防策に着手することも考えておいた方が良い。会社における情報管理体制がとりわけ重視される時代になる。中小企業も例外ではない。

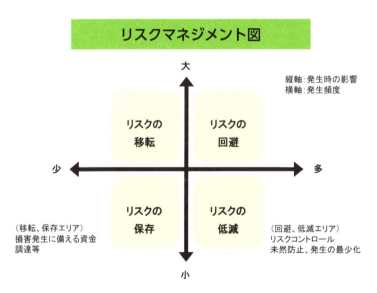

15　第15の習慣：念ずれば花開く

（1）感謝の心

　経営者は自己実現意欲の塊である。感謝する経営者は成功し、環境変化や業界動向のせいにする経営者は成功しない。成功している経営者は若い頃から他人の何倍も一生懸命働いてきた人である。

　高卒で田舎から出てきて、大阪・船場で繊維問屋の丁稚奉公から身を起こした経営者がいる。忍耐と工夫を積み重ね、お客の要望に応えて社内の細々としたことも常に率先垂範したため、すぐにリーダー格となり社長の片腕として信頼されるに至った。後継者と会社の方針で対立したことで自ら起業することになったが、お客を大事にし、金融機関との取引を大切にして成功している。お世話になったお客や地域住民に恩返しをするために、今も元気で働いている。家族思いのその経営者の手法は、今後の経営の１つの指針ともなる、ファミリー企業としての成功事例である。

　１０代以上続くある造り酒屋では、代々祖父が孫を教育するのが家訓となっている。酒工場のにおいを胸一杯吸って、遊び回って、会社の良いところも悪いところも全部五感で感じて、孫は無心で遊ぶ。工場でかくれんぼをして古参の社員に叱られて、可愛がられて、話を聞かされて成長する。祖父の膝の上で商売の話を聞いたこともある。長じて名門大学で醸造学を学んで、次の会社の歴史を作っていく。派手さはないが、商売とは何かを体

得する仕組みである。

　経営者は、家族、社内の幹部、社員、顧客、金融機関、役所等地域の関係団体、その他の利害関係者等と普段から付き合っている。責任ある立場に身を置き、それぞれ不正直であってはいけないが、多少の自己矛盾を持ちながらもきちんと対応していくことになる。経営者は成長とともに７つの顔を持つに至る。

（2）ブランド作りは足し算でなく掛け算

　ある食材一筋で頑張っている社長がいる。有力なコンサルタントの講演テープを擦り切れるほど聞いて、自分なりのブランド作りのコツを会得して一心不乱に経営を行っている。

　どうすればこの食材が世間に認知されるか考えられる工夫を尽くし、独自の経営者として注目を集めるようになったが慢心はない。経営者は常に結果で評価されると考えているので、一時的に世間にどう見られるかには関心がない。

　ブランド作りには広報も大事である。一方で、マスコミはネタ不足にいつも悩んでいる。他では聞かない新鮮な情報やブランド作りに関する発信を続けていれば、マスコミの取材が来るようになる。記事にしてもらうためのいろいろな工夫やノウハウも必要だが、ひとたび記事になると大変良いPRとなる。ニュースリリースの成果は

大きいのだが、情報発信を苦手とする経営者は多い。経営者にはアイデアや工夫を考え続ける習慣が必要であると同時に、情報発信についても積極的に取り組まなければならない。

　ブランドには経営者自身の強い想いや意思が込められている。ブランドは経営者の人格そのものである。何を変えずに、何を変えるのか。ブランドを築くまでのストーリーを伝える。1人1人の社員が「自社の物語」を語れる伝道師となった時に、ブランドは一気に開花する。

（3）超繁盛店の話

　自宅の近くに大変有名な洋菓子の店がある。ロールケーキがおいしくて、また、チョコレートは世界大会で表彰されるような人気商品である。この店には、大勢のお客が来店し、週末には北海道や沖縄から飛行機に乗って買いに来る繁盛店である。他のどこにも出店せず、それが希少価値となっている。

　この経営者の著書を読むと、経営上最も大切にしている行動習慣は、社内で日報を徹底的に活用していることだと書いてある。社員の教育に情熱を注ぎ、会社は人生の学校であるとまで言い切っている。日々の出来事は、パートの社員を含めて漏らさず日報という形で経営者に報告され、社長はこれを毎晩チェックして、赤ペンで感想を書いて翌日社員全員に返す。パティシエ出身のカリ

スマ社長から直筆のメッセージが届くと社員は嬉しいので、しっかりと業務日誌を書く。これだけをシンプルに繰り返している。自然素材を使ったおいしいお菓子を作ること、そのことにすべてを集中し、朝礼、夕礼を大切にし、日報を活用することで経営者の想いが社員全員に乗り移り、モチベーションの高い自律的な人材が育つ企業文化が出来上がっているように思う。

　世の中は大きく変化しており、若い社員たちが育ってきた環境は経営者世代が育ってきた時代と様変わりしている。家庭や学校における教育環境の変化が若い社員のいろいろな言動に表れてくるものだが、世代間の違いを受け入れて全身全霊で社員教育を行う経営者と、社員に恵まれないと嘆くばかりの経営者とでは、大きな差が出てくる時代となった。

column　以心　発信　伝心

「以心伝心」という言葉があるが、経営者の想いは言葉にして「発信」しなければ社員には伝わらない

（4）傾聴する力　決定する力

　決定する力、チェックする力、傾聴する力が経営者には必要である。「社員のことが馬鹿に見えたら終わりだと思った方が良い」。これは、ある社長の戒めの言葉で

ある。会社のために働いてくれる大切な人を上手に使える社長になりたいものだ。

　研修に懸命に取り組んだある経営者は、いつも退社時間を大幅に過ぎても部下を指導していたが、部下は辞めてしまった。経営者からすれば情熱を注いだつもりだが、一方通行の片思いはうまくいかない。伝聞同比といって、少なくとも伝える方が５０％、聞く方が５０％くらいでないとコミュニケーションにならない。

　退職を決意した社員を説得することは難しい。本来なら、社員が辞めようと決心する前に経営者が何らかの異変を嗅ぎ取って、相談に乗るなり対策を打つことが望ましいが、なかなかそのようにはならない。辞めてほしい社員なら喜んでといったところだが、得てして期待の高い社員ほどさっさと身の振り方を決めてしまう傾向がある。ベテラン経営者は社員を上手に管理するが、経営経験が浅い時期には人事での失敗は多くあるものだ。時には縁がなかったと割り切るのも必要だ。

　ある会社では、採用内定者とその家族に向けた会社説明会を開いている。社員の家族に会社のことをよく知ってもらうのである。「将を射んと欲すれば先ず馬を射よ」と言うが、社員当人の心を動かしているのは配偶者や家族である。会社説明会で経営者自らの想いを語り、社員が会社の良いところも悪いところも話す。会社の真実をしっかり見てもらうことが重要だ。良いように見せかけ

たり、嘘をついたりしてはいけない。採用後も、家族の記念日には会社からプレゼントや手紙を贈っている。家族から「あんなに良い会社を辞めることはない」と言ってもらえるかが勝負である。士気の高い社員が集まる会社にはいろいろな工夫が増えて、業績がどんどん良くなっていく。

（5）日本の中小企業経営者

　法人の7割弱が申告所得で赤字に留まっている時代。中小企業経営で利益を出すことは本当に難しい。しかし、利益を上げないと財務状態は改善せず、借入金も減ることはない。経営とは管理会計的に考えると、利益を常に出す仕組みを考えることだ。合理的な節税は構わないが、経営者はまず堂々と税金を払う意識も重要だ。利益をきちんと計上してこそ事業経営である、くらいの気概を持って経営をしてほしいものだ。経営者は知恵を絞って利益を獲得し、その利益を社会の発展のために存分に投資してほしい。打つ手は無限にある。

　普段から何気なく見ているだけで、実は何も見えていないことが多いのが、私を含めた世間一般の人の日常である。経営者は声なき声を聞き分けたり、見えないところまで想像して見抜いたり、細部まであらゆる検討をして考え抜いて決断している。責任も大変重く、そういった経営者の日常は決して一般人には真似のできない世界

である。

　中小企業経営者は市場における自社のポジションの変化にきめ細かく対応し、難しい取引条件の中で頑張っている。売上規模も零細な個人事業レベルから中堅クラスまで大変幅広く、借入金を抱えて資金繰りに追われている会社も多い。経営者はこのような状況の中で事業を継続しなければならない。

　財務を磨くということは、現世代の経営者が次の世代の後継者に、永続的に続く事業経営のバトンを繋いでいくために必要なことだ。人間として、経営者として成長し、社員をはじめ縁のある人を数多く幸せにすること、そうした歴史の役割をまっとうすることは、経営者だけができる大切な仕事だ。日本の多くの中小企業が小さくとも世界の中小企業として尊敬され、これからも発展してほしいと願う。

日本から世界の中小企業へ

悪魔のささやきから経営を守る
↓
王道・本道のみ
**会社は社員とともに成長し、
社長とともに滅ぶ**

（6）経営者として生きる

　私はこれまでに１万社以上の中堅中小企業の融資や再生に携わってきた。優秀な会社だと言われていても、過去には大きな失敗をして破綻のすれすれまでいった経験や自社の商品を世に送り出すまでの長い苦しい時期を乗り越えてきているものだ。中小企業とは経営者が不屈の闘志で立ち向かってきた歴史そのものである。

　経営者には心の健康も大事である。慢心や、不安の先送りの気持ち、あるいは支配意欲や名誉欲が強すぎると正しい経営に身が入らないようになってしまう。見るべきことを見ず、聞くべきことを聞き流し、決断すべきことを決断しないと会社は頭から腐り始める。経営に手を抜くと管理が曖昧になる。管理体制の不備は不祥事の発生を呼び込んでしまう。事実から目をそらすと適切なコミュニケーションが行われなくなり、問題が先送りになる。クレームが発生してもきちんとした対応ができず、解決を先延ばしするようなことがあれば、ビジネスチャンスを失ってしまうだろう。

　経営者は常に物事の陰と陽の間をさまよっているようなものだ。心のあり方を点検し信念を貫く覚悟があれば、正しい経営を進めていくことができる。不思議なことに真摯に経営を続けていくほど、困難な問題が降り注いでくる。神様が試しているのかもしれない。困難に立ち向かい知恵を絞って努力する経営者には、大きなご褒美が

待っている。客観的な立場から親身にアドバイスできる人物を補佐役に持つことは、事業承継においても成功の大きな要因であるように思う。

　練達の中小企業経営者は普通の人ではない。絶大な努力と集中力、困難に耐える根気、極限状態に耐える意思の強さ、公正な人格と使命感、綿密な管理力、決して慢心しない向上心、商品の差別化を作り出す閃き、すべては自分が源、社員相手に変化を求めないで自分が変わるしかない。未知なる世界に道ができる。覚悟を決めて、さあ前に進もう。

経営が悪化している会社の特徴的な兆候
・自社の強みを生み出していない会社
・経営者が対処療法的な判断に陥っている
・将来のビジョンが明確に描けていない（自信がない）
・過度な自己評価に基づいて実行を焦っている
・取引先（販売先・仕入先）等の利害関係者の利益を図る考えがなくなっている
・楽観的なケースばかり重視して、悲観的なケースを無視している
・社員教育やモチベーション維持向上について軽視している
・収益性が向上しないため、C/F（キャッシュフロー）の改善が進まない
・ブランドイメージが向上しないために会社の成長力が

上がらない
- 経営者が現場を見ていない
- 整理整頓清掃等ができていない
- 社員の表情が暗い、挨拶ができていない、トイレが汚い
- 社内のコミュニケーションが不足している

素晴らしい経営を行っている会社経営者の行動習慣

- 小さくとも世界の中小企業の志（差別化の徹底、夢と志のチャレンジ精神）
- 不屈の企業家魂、事業意欲、自社の役割の追求
- 経営理念、社是、社訓を磨き込む（全社一丸の経営）
- 原理原則の経営（常に正しいことを選ぶ、不正をしない）
- 顧客満足、社員満足を常に考えている。究極の満足を追求している。
- お客が喜ぶことは何か、どうしたら社員に喜んでもらえるかを、いつも考えている
- ブランド力を高めている（売り方に工夫がある）
- 値決め上手
- 身の丈にあった経営、現場主義
- 変化をチャンスに変える気力・胆力・知力・スピードがある
- 慢心を戒めてくれる良き相談相手がいる
- 専門家のネットワークを持っている（税理士、弁護士等）
- 常に新しい情報や知識の吸収に気を配っている
- 健康管理に留意している（良き主治医がいる）

- 人材を磨くことに熱心である（金儲けより人儲け、家族主義）
- 社員教育に熱心である（赤字の時に助けてくれるのは社員だけ）
- 目の届きそうもないところに目配りできる幹部社員を育成している
- 元気と知恵の経営を実践している
- 自信を持っているが、謙虚で思いやりがある。感謝の経営
- 笑顔が素敵で明るい、誠心誠意で仕事に取り組んでいる
- お金の大事さが心底わかっている
- 元手となるタネ銭と投資のタイミングを真剣に考えている
- 経費の使い方が上手である（良い経費はしっかり使う、悪い経費は使わない）
- 投資（投機）は個人の余裕資金の範囲内で行っている
- 計画と検証を怠らない
- 大切な取引先の要請・信頼・相談ごとは決して断らない
- 発展投資(顧客の創造、商品サービスの差別化、人材開発等)を常に行っている
- リーダーを育てる社風を作っている
- 迅速なクレーム処理
- 倒産しないためのポイントとなる抜本策を決めている
  （例）１社取引〇％以下、支払手形の３年以内廃止

これが勘所

(1) P/L 損益管理の勘所
①P/L(損益計算書)は箱(ハコ)で見る

損益計算書は、箱の形でとらえるとわかりやすい。売上高から変動費、つまり材料費や仕入代金、外注費等の売上の増減に伴って発生する費用を控除すると、それが限界利益（付加価値）となる。固定費は労務関係費用等の、事業をする限り必ず発生する費用である。限界利益から固定費を引いた残りが経常利益となる。限界利益に占める労務関係費用の割合を労働分配率と言う。経常利益を確保するためには、変動費率を下げるか、固定費金額を引き下げること、そして売上を多く確保することの、３つの手段をミックスすることが効果的である。

黒字企業の労働分配率は私個人の経験値では、概ね４０％台〜５０％台の前半をキープしている会社が多い。価格競争が激しい業界ではこうした数字はなかなか出てこないので、労務費以外の固定費を削減することになる。ひと月に社員１人当たり１０万円以上の経常利益を稼ぐ会社は、経常利益率は５％程度を維持できていることが多い。人件費を無理やり抑えているのではなく、平均以上に給与を払ったうえでお客から適正な価格で買ってもらっているからである。

一方、赤字企業には赤字になる原因がある。黒字企業とは逆に、希望する値段が得られておらず、返品や値引き等、余計なコストのかかることに時間を取られる。ま

た、使用原材料の違い、納入業者との取引条件、生産方法や生産体制、販売方法の巧拙や流通ルートの差異等も収益力の違いとして出てくるだろう。つまり、経費のうち何が必要で、何が不要か、といった基準が不明確となっていることが多い。

　会社の経費において、出費する以上は必ずリターンが発生するものでないといけない。そうした考え方がいい加減になってくると、伝票1枚1枚の中味まできちんとチェックする習慣が崩れ、会社の経費はなし崩しで管理不能な状態になる。会社のお金は個人のお金とは全く違う。会社で使うお金はすべてに意味があり、無意味なお金は一切使わないとする文化が必要である。

管理会計で見る！黒字企業の損益計算書はどうか

（高収益企業の特徴）
・労働分配率は40％台
・1人当たり月経常利益は約10万円

これが勘所

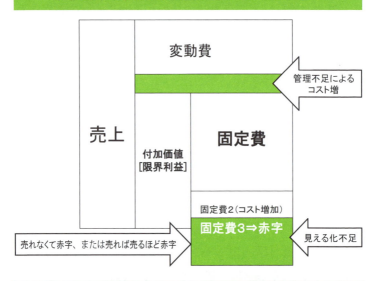

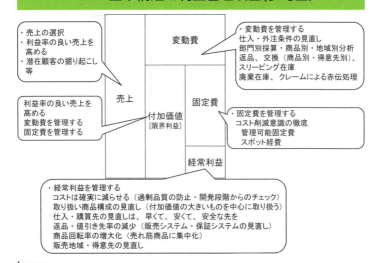

②経営管理指標

　儲かっている会社は、市場でのポジションの置き方が両極端というか、極めて特徴がある。省資源型の会社の場合は、競争のない領域を選んで高く売る戦略を取り、資源活用型の会社の場合は、競争に勝てる仕組みや価格競争に打ち勝つ組織力強化がポイントとなる。

　ある会社では、限界利益の数字に徹底的にこだわっている。製品当たりの限界利益、事務所あたりの限界利益、時間当たりの限界利益というように、会社の目標のすべてを限界利益の獲得中心に置くことで、目標が明確となった。限界利益の獲得については、正しい行動によってこれを成す、と社訓で決めている。全社のエネルギーのすべてをお客に向けて経営をしている。

　経営管理の指標はたくさんあるが、儲かって（会計上利益が出ている）、お金も残る（使える現金が増える）という観点から、総資本利益率、流動比率、自己資本比率、経営安全率、労働分配率の５つを挙げる。

　総資本利益率は、売上に対する利益の割合と貸借対照表の総資本が、年間売上高に対して何回転できているか、要するに業績を総合的に判断する指標である。これは、人間で言うと身長と体重の関係と考えるとわかりやすいかもしれない。利益率は、要するに健康で適切な血液が体に十分流れているかと考えると良いし、また回転率は、肥満体質ではないか、筋肉質の体になっているかを

見ているものである。流動比率はフットワーク力、自己資本比率は真の体力と言える。会社のバランスシートも人間で言うと体脂肪を燃焼させて無駄なものがない、筋肉質の体を維持することが大切である。贅肉をたくさん身に着けていると動きが悪くなったり生活習慣病になることと一緒である。労働分配率は限界利益に占める労務管理費用の割合であるが、優良企業はだいたい４０％台が多く、業績不振企業は６０％台になっていることが多い。なお、縮小傾向にある市場ポジションにいる企業では、受注単価が安くなる傾向があり、頑張っても労働分配率は良くなりにくい。こういう業界で利益を出している企業は、ＩＴ化を進めて労務管理費用以外のコストを徹底的に削減していることが多い。経営安全率は、次の損益分岐点分析で説明する。

儲かってお金も残る とりわけ重要な5つの指標

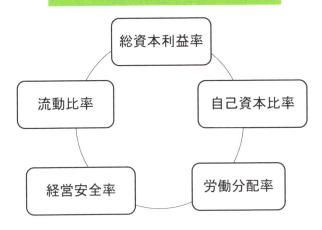

5つの指標を人間に例えると

- 総資本利益率 = $\dfrac{利益}{売上高} \times \dfrac{売上高}{総資本}$ 　身長と体重

- 流動比率 = $\dfrac{流動資産}{流動負債}$ 　フットワーク力

- 自己資本比率 = $\dfrac{自己資本}{総資本}$ 　真の体力

- 経営安全率 = 1 − 損益分岐点比率 　危機管理能力

- 労働分配率 = $\dfrac{労働関係費用}{限界利益}$ 　適材適所

③損益分岐点分析

損益分岐点の売上とは、売上とコスト（固定費＋変動費）がイーブンになる(赤字も利益も出ない)売上である。損益分岐点を低下させるためには、①固定費を下げる（コスト削減）、②売上高を上げる（価格値上げ、販売量増加、新製品販売）、③変動費（仕入コスト見直し等）を下げる、の３通りの方法（またはミックス）を検討する。経営安全率とは、黒字企業の場合では損益分岐点が実績売上を下回るが、その余裕度を示す指標である。安全余裕率は１０％以上（つまり損益分岐点の位置は実績売上９０％以下）が望ましい。

事業の利益モデルを考える時に、自社がどのマーケットで戦うかをとことん考え、会社にとって最も重要な数字を把握する。重要な数字に出会うためには、①月次の残高試算表を翌月５営業日以内に完成するために手続きを合理化する（例：経費の概算計上、在庫の推定計算等）、②正確性を確保するための仕組み（売上・仕入・重要な経費、実地棚卸の月例実施、減価償却費、事業税、固定資産税、水道光熱費、引当金等の月割り計上等）を作る、③業績向上に結びつく目標数値や目標指標の設定を行い、月次決算をセグメント別にリンクさせる、といったことができれば良い。さらに、会計情報にこだわり、要約した損益計算書と貸借対照表を作ることで、最終的に日次（にちじ）決算の作成を目指すようにステップアップし

ていけると、必ず会計の見える化ができるようになる。

　日次決算の導入は、企業経営における１つの目指すべき目標になる。各営業所の月次の試算表が翌日にはパソコンの画面で確認できたり、工場の生産数量を受注の動きに沿ってコントロールすることができるようになる。１人当たりとか、部門毎とか、製品毎、品番毎といった、自社にとって最も重要な指標は何か、それを突きつめて取り組むことができるようになれば、次々と具体的な対策が打てるようになる。社員の立場からしても、何をどうすれば良いのか具体的にわかるようになるので精神論とか根性論といったものではなく、前向きに行動ができるような企業文化が育ってくる。数字を公表することで各部署が責任を持つようになり、かつ社員のベクトルが同じになる。業績の良い会社は必ず自社だけにしかない特別な指標を持っている。

これが勘所

> ## 日次決算（オリジナル）を作る

・経営上最も重視するデータをフォーカスする
・そのデータを毎日算出する
・そのデータに毎日語りかける
・部署単位でそのデータを毎日算出する
・社員とともにそのデータについて考える

＜日次決算のメリット＞
・予測力が高まる
・決算の数字がすぐわかるようになる
・経営判断に直接役立つ

④ROE（株主資本利益率）

　ROEは自己資本利益率とも言われるが、利益を株主の持ち分である自己資本に対して、どれだけのリターン（当期純利益）が生み出されているかを示す指標である。当期利益を自己資本金額で割った数字だが、本当の稼ぐ力を見る指標として注目されている。ROEを分解してみると、利益率、回転率、そしてレバレッジ（少ない資本で大きな金額を動かせること）のすべての良し悪しを総合的に確認することができる。

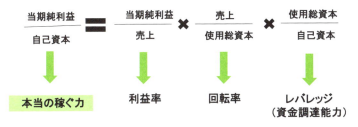

⑤売上の分析手法

　自社の得意な領域で商売をする中小企業においては「弱者の戦略」が重要で、一騎打ちがしやすい商品を選ぶのが良い。接近戦や一騎打ちがしやすい営業方法や営業エリアを選び、その営業エリアでのトップシェアを目指すのである。

　同業他社を分析することは、自社の現状を把握するのに有効である。とりわけ業界のリーディングカンパニーについては、十分に研究することが重要である。有価証券報告書や信用調査レポートは積極的に活用したい。同業者を研究する場合には結論的な評価点数を確認するだけでなく、企業の歴史や文化も考察したい。その会社は、①もともとどのような事業構成であったのか、②どのような戦略を展開してきたのか、③その成果はどのように

業績に現れてきているのか、といったことを研究しないと自社の進むべき方向が見えてこない。

　優良企業では、上位の１社または１商品の依存度は、全体の３０％程度に収めている場合が多い。上位の取引先・商品ほど、在庫切れや欠品が発生しやすいので、上位品目は思い切って在庫を厚く保有する等、メリハリを利かせた経営が必要となる。逆に、下位に得意先数または商品アイテム数で、全体の３０～４０％を占めている場合があれば、内容を精査して将来性の認められないものは切り捨てることを検討する。

（2）B/S　財務管理の勘所
①資金循環

　　貸借対照表の資産の本質は、経費として活かされるものである。資産は回転し続けることで健全化する。会社の体内に資金は常に循環しており、これが途切れた時に会社は倒産する。資金構造を適切な形に保つことは、人間では血流が正常に流れている時に元気が出るのと一緒で、企業活動の活発で効率的な動きに繋がる。資金循環も短期的な側面と長期的な側面の両方から考えておかないといけない。両者が混在した状態で資金調達してしまうと、自社で資金繰りをコントロールすることができなくなる可能性があるからだ。

B/S（バランスシート）の見方

**お金の使い道と元手を表す
プラスの財産とマイナスの財産を示す**

使い道 （プラスの 財産）	資産	元手	他人資本 （負債：マイナスの財産）
			自己資本 （純資産：差額）

これが勘所

②運転資金が発生する仕組み

　貸借対照表（B/S）は、会計上は左側が資産であり、右側が負債と資本である。資産勘定は、上から現金化しやすい順番に並んでいる。経営分析でよく言われる流動比率は流動資産と流動負債の比較であり、当座比率は流動資産の中から、さらに現金に近い勘定グループに絞って比較したものである。

　資産は会社がモノを買ったり（設備投資）、商品を保管（在庫）すると膨らんでいくが、資本力のない会社は、これを行うために金融機関からお金を借りること（借入金）になったり、代金の支払いを少し延ばしてもらうこと（支払手形や未払）になり、これが負債である。資産は資金の運用であり、このための資金調達を負債や自己資本でまかなうのである。

【現金増減の法則】

資金繰りの結果は、次のように貸借対照表に反映される。

現金の減少 （お金がなくなる）	現金の増加 （お金が生まれる）
資産の増加 負債の減少 資本の減少	資産の減少（例：不動産売却） 負債の増加（例：借入金の増加） 資本の増加（例：利益の増加）

③受信余力表を作る

　金融機関からの借入金は返済を伴うし、企業間信用も一定期間の資金猶予期間が終了すれば、商人としての信用を維持するために必ず決済をしなければならない。これらの返済原資は短期的には売上からの回収金等でまかなっても、中長期的には利益を一定水準維持できていないと資金繰りは回らなくなる。「持久力」と言って、会社の持ちこたえる力を金融機関は見ている。金融機関から借入する力も持久力である。いくら借入する力があるかは「受信余力表」を作って検討すると良い。

　自社の受信余力表（取引金融機関からいくらの金額まで融資を受けられるのか）を作成する。担保提供が可能な事業用物件、および経営者等の個人所有資産の状況（担保評価額、設定状況、根抵当権と普通抵当権との併用設定の有無等）を整理して担保物件時価が担保設定額を下回っていないか確認する。

（資産調査）

・調査範囲・・・担保提供が可能な事業用物件、および経営者等の個人所有資産
・評価方法・・・以下の掛け目を目安として資産価格（時価）を把握する。

資　産	土地	建物	機械	有価証券	定期預金	合　計
担保力 （時価 × 掛け目）	70%	70%	0－30%	40－50%	100%	合計=上限値

(借入金等の調査)

・保証協会付きか否か。保証協会付き融資は、取引金融機関の借入金額合計から控除する。ただし、取引金融機関が設定した根抵当権について、保証協会が優先して使用する場合は控除しない。
・割引手形リスク率（掛け目）は銘柄により異なる。１０～５０％の間でなるべく堅めに見ておく。
・各行の年間長借返済額

（手順）　金融機関の与信枠を把握する　（A－B）

A　受信額
根抵当極度額（担保額割れがある場合は当該金額を控除）＋普通抵当権（被担保債権額）＋保証協会無担保保証額＋定期預金＋信用貸＝受信可能額

B　借入額
長期借入金＋短期借入金＋当座貸越し＋割引手形要保全分

C　与信可能額＝A－B

受信余力を見るための金融機関別取引一覧表（例）

(単位:百万円)

金融機関名	保全					借入				差引受信余力 d−e
	固定性預金 設定極度額 a	同左実余力 b	保証協会 c	実質保全 d＝a+b+c		長期借入	短期借入	割引手形	合計 e	
合計										

④設備投資について経済計算をする

経済計算は、設備投資の妥当性を図る尺度である。将来のランニングコストも含めて、事前に設備投資計画についての収支計算や経済性の計算を行うことが重要である。代表的な手法を紹介する。

１．投資利益率法（目安５～１０％）

投資額に対する利益率（費用節約分を含む）を比較して、高いほど有利であると判断する。

　投資利益率（％）＝年間利益額（償却後営業利益）／投資額等
　　　　　　　　　＝投資による利益の増加（収益の増加－費用の増加）／投資額＋増加運転資金

２．投資回収期間法（目安７～１０年）

投資額から得られるキャッシュフローによって、その投資額回収期間を求め、投資の是非を検討する。

　投資回収期間（年）＝投資額等／年間利益額（償却後営業利益）
　　　　　　　　　　＝投資額＋増加運転資金／投資による利益の増加（収益の増加－費用の増加）

⑤財務の実態を見つめ続ける（自己資本比率５０％を目指す）

仮に作ったモデルケースだが、創業から５０年かけて自己資本比率５０％を達成することを１つの到達点とし

て考えてみた。５０年かけて５０％の自己資本を蓄積していくのは、大変長期的な取り組みである。ステージごとに分けて考えてみると、大体、４つの段階に分解できるように思う。事業の最初の段階では利益モデルの構築に集中することになるが、この段階では黒字になったり赤字になったりを繰り返して資金も不足気味であるから、相当苦労する段階である。

　次のステージでは、ある程度儲けが出て自己資本が少しずつ貯まってくると、その儲け方を確実なものとするための社内の仕組み化を進める必要がある。さらに、自己資本比率が２０％くらいになってくると、組織の体制も随分としっかりとしてくるが、この段階では、将来会社のために活躍してくれる人材育成に取り組む企業経営者が多くなってくる。

　こうした仕掛けが功を奏すると、会社の稼ぐ力が目に見えて高くなり、経常利益率は３％～５％を維持できるようになり、自己資本も税金を払いながら積み上がってくる。さらに稼ぐ力の強い有力な事業分野がヨコ展開等で拡充してくると、経常利益率はおよそ７％以上になり自己資本は飛躍的に積み増しが進み、５０％を達成する状況が見えてくる。

　これらの過程においては、折に触れて目に見えている資産をきちんと精査するとともに、外部からは見えにくいとされる経営ノウハウや知的財産、そして人材力が蓄

積されることで、財務基盤が強化されてくる。実際の会社の成長ストーリーはこのように単純なものでは決してないが、長期的な視野というか、事業の発展計画を経営の大きな柱に据えておくことで、ブレない軸を作ることが必要である。

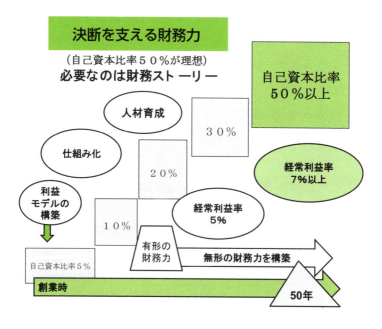

(3) C/F　キャッシュ管理の勘所
①キャッシュフロー経営と資金繰り表

　資金繰りができなければ会社は倒産する。得意先の売上見込みを把握して毎月予想と実績を比較して修正する、これを繰り返すことで資金繰り表の精度は上がっていく。資金繰り表は、会社が成長するために最も重要な表の１つである。

　金融機関は、融資を行う際に必ず当面の資金繰り表の提出を求める。資金繰り表を正確に作ることができる会社は、資金ショートを起こし黒字倒産することを防げるだけでなく、金融機関の信用度もアップする。キャッシュフロー経営とは、現金の入金と出金の動きを把握しながら経営をすることである。過去の動きを決算期毎に把握するための表がキャッシュフロー計算書である。そして、将来の資金の動きを把握するのが資金繰り予定表（Ｐ２６４表）である。どちらも非常に重要な表である。

（資金繰り予定表の作成手順）

・当面半年間（できれば１年間）の月々の売上高を予想する
・その売上に合わせて現在の売上債権回転期間（実績売掛債権残÷実績月売上）を乗じて売上回収や売掛債権残を予想する
・同様の方法で、在庫回転期間を乗じて在庫残を予想する
・その売上に合わせて、現在の仕入債務回転期間（実績買入債務残÷実績月仕入）を乗じて仕入代金の支払や仕入債務残を予想する

- 経常的に発生する毎月の家賃等の販売費、一般管理費のうち減価償却費を除く費用、および支払利息等、受取利息等の売上以外の収入を計上する
- 借入金の返済額等の毎月の支出額を計上する
- 当面半年間（できれば1年間）で支出することが決まっている、経常的ではない支出を計上する
- 以上を合計して現在の預金残（拘束されている定期預金は除く）を足し引きする

資金繰り予定表（例）

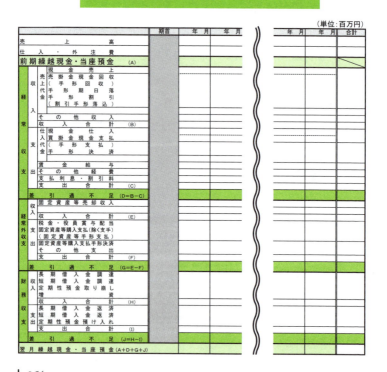

②経営基盤の強化はお金から

キャッシュフロー計算書により、一会計期間の資金の発生原因とその使い道が明らかになる。利益の中味を深く考えられるようになり、在庫や滞留売掛等の管理強化の意識が強くなる。

・P／L（損益計算書）、B／S（貸借対照表）を補う：
  利益とキャッシュの差額分がわかる
・キャッシュフローを生み出す能力：
  部門別等に分解するとよくわかる
・適確な投資判断ができる：キャッシュの使い道
・フリーキャッシュフロー（お金の余裕部分）の使い方で、会社の発展可能性が変わる

(キャッシュフロー計算書の仕組み（間接法）)

Ⅰ　営業活動によるキャッシュフロー　　　　（①）
Ⅱ　投資活動によるキャッシュフロー　　　　（②）
　　　　　　　フリーキャッシュフロー（①＋②）
Ⅲ　財務活動によるキャッシュフロー　　　　（③）
　　　　　　　現金等の増加（減少）額（①＋②＋③）
Ⅳ　現金等の期首残高　　　　　　　　　　　（④）
Ⅴ　現金等の期末残高　　　　（①＋②＋③＋④）

これが勘所

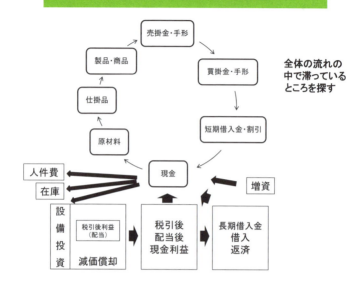

③キャッシュフローパターン図

　キャッシュフローパターン図は、自社の過去の歴史を考えるのに役立つ。提案型の試作品加工に特化し、材料の無償支給を受けて高付加価値製品を作っている会社がある。このような優秀な会社でも過去１０年間で減価償却前経常利益が２度赤字になった。製品のモデルチェンジの時期は試作品の注文が多いが、閑散期は注文が減るのだ。赤字計上となった年度に研究開発を強化するための機械設備投資をしたことで、投資キャッシュフローもマイナスとなったが、財務内容が健全なので金融機関は

喜んで機械設備購入資金を融資してくれた。財務キャッシュフローはプラスである。以上の結果、営業キャッシュフローは「－」、設備キャッシュフローは「－」、財務キャッシュフローは「＋」となり、急成長型となる。翌年度には狙い通りに注文が回復したので、キャッシュフローパターンは上から「＋」（利益増加）、「－」（投資継続）、「－」（借入返済）となって成熟型企業に立ち戻る。このようなことを意識して事業計画を考えている会社は、財務を完全にコントロールしている。なお、一般に業績優秀な会社でも、償却前経常利益が「＋」の時期は１０年間で７回程度、平均クラスの業績を上げる会社では１０年間で５～６回程度であろう。これを下回ると自己資本が積み上がらないので、貸借対照表の改善は進まないだろう。

これが勘所

キャッシュフローパターンによる会社イメージ

営業活動によるC/F	投資活動によるC/F	財務活動によるC/F	会社の経営状況（イメージ）
＋	－	－	【成熟型】 営業活動が順調で、新規投資も積極的に行う。余った資金で借入金の圧縮を行う等、財務体質を改善
＋	－	＋	【事業拡大型】 新規投資を積極的に行っている成長企業。営業活動によるC/Fはプラスだが、不足分を資金調達でまかなう
＋	＋	＋	【リストラ型】 事業ポートフォリオの最適化、事業運営の効率化や不要投融資の処分等資本構成の適正化に取り組んでいる
－	－	＋	【急成長型】 新規参入のベンチャー企業で、新規投資を積極的に行い、資金調達も順調。まだ営業活動の成果が出ていない
－	＋	－	【事業縮小型】 営業活動のC/F不足を不要な投融資の処分等で補い、余ったC/Fで借入金を圧縮。財務改善を行いつつ、事業の縮小を図っている
－	＋	＋	【借入依存型】 資金調達や不要な投融資の処分によって、営業活動のCF不足を補っている。銀行の資金繰り支援が鍵
－	－	－	【経営危機型】 資金調達が増えない中、過去の剰余金を取り崩し、営業活動の立て直しのため新規投資を実施。営業活動の回復なければ、会社維持も難しい

良い会社は美しい滝のようにお金が流れる

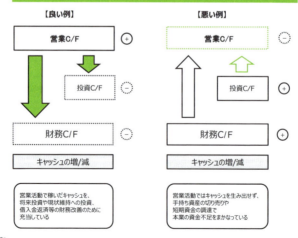

④予想貸借対照表

　予想貸借対照表でも表側の資産が増加すると、裏側の負債または自己資本が増えることになる。自己資本はすぐに増えたりしないので、資産の増加は借入金の増加に繋がることになり、慎重に判断しないといけない。収益力の低い会社は、資産を膨らませると借入金が増えて返済の重さに悩むことに繋がる。設備投資と在庫投資は、失敗すると回収するまでに時間がかかる厄介な代物だ。次のような視点を踏まえておきたい。

・売掛債権（受取手形、売掛金）は現金回収比率を高める方策を検討する
・棚卸資産は不良在庫にならないように適切に管理する
・その他流動資産はそもそも発生させないようにする
・土地は一度買ってしまうと売却するまで永遠に貸借対照表に残る
・建物やその他固定資産（機械設備や車両など）は税法上の耐用年数によって減価償却していくもので、すぐには貸借対照表からは消えない
・その他の投資（有価証券購入、保証金支払等）も一度買ってしまうと売却するまで永遠に貸借対照表に残る

これが勘所

【予想B/Sの作成イメージ】

科 目	算出根拠
（流動資産）	
現金預金	前期末残高＋当期増減額（C/F計算書の増減に一致）
受取手形	当期月売上高 × 受取手形回転期間
売掛金	当期月売上高 × 売掛金回転期間
棚卸資産	当期月売上高 × 棚卸資産回転期間
その他流動資産	当期月売上高 × 回転期間または見込み額
（固定資産）	
土地	前期末残高＋当期投資額－当期売却額（簿価）
建物	前期末残高＋当期投資額－当期減価償却額
その他有形固定資産	前期末残高＋当期投資額－当期減価償却額
無形固定資産	前期末残高＋当期投資額－当期売却額（簿価）
（流動負債）	
支払手形	当期月仕入額・外注費 × 支払手形回転期間
買掛金	当期月仕入額・外注費 × 買掛金回転期間
短期借入金	前期末残高－当期返済額＋当期借入額
その他流動負債	当期月仕入額・外注費 × 回転期間または見込み額
（固定負債）	
長期借入金	前期末残高－当期返済額＋当期借入額
（自己資本）	

推薦の言葉
東海バネ工業株式会社　渡辺良機 代表取締役社長より著者へ

　当社は、単品の特殊なバネを扱っております。創業以来、苦労に苦労を重ね、モノづくりや人材育成に邁進し「多品種・超微量生産」体制を確立させて、同業他社が真似のできないようなビジネスモデル構築に挑戦し続けております。当社がそうした事業展開の節目に当たる時には、日本政策金融公庫さんにいつもお世話になってきました。

　著者の大野さんは、若い頃からよく知っております。その昔、当社の現在の主力事業となる皿バネ事業に乾坤一擲で進出しようとした時に、当社の計画をよく理解いただき、高いリスクを承知で思い切った融資をしていただきました。そのことが、今の当社の原点であります。

　金融機関には、もっと中小企業融資に対してリスクを取る姿勢を強めてほしいと思います。経営者は、事業の成長に必要な投資であることについて真剣に訴えることができる金融機関との付き合いを大事にしないといけませんね。また、税理士には、中小企業経営者が苦手にしている数字の説明とか資金繰りの状況等についてよくアドバイスをしてほしいと思います。

　この本は、大野さんが、日本政策金融公庫での長い経験やご自身の研究成果等をもとに、現場感覚で多数の事例を挙げて経営のあり方について意見を述べられたものです。中小企

業経営者の視点のみならず、税理士や金融機関職員の視点から忌憚なく書かれており、単なる経営学や経営分析の観点からではなく、経営者や、これを支援する立場の税理士や金融機関の職員に対して、実務的に多くの気付きを与えてくれるものだと思います。

　「会社は社員とともに成長し、社長とともに滅びる」。私はこの言葉を肝に銘じて経営を続けております。日本を支えているのは中小企業です。人間が成長していくと同じく、経営者も失敗と成功を繰り返しながら成長します。本書は経営者の魂みたいな部分に触れており、大いに参考になると思います。

渡辺良機

あとがき

　元金融マンであった父は、戦後故郷でサラリーマンをしていた時に、大阪から疎開していた母と出会い結婚した。その後脱サラを決意した両親は、田舎の町に移り住み、建材の販売店を起業した。

　時代は高度成長期前夜で、田舎でも一生懸命汗を流して働けばそれなりの仕事があった。よそ者排除や商売仇の嫌がらせは多々あったが、両親は黙々と働いた。家計の足しに鶏を飼い、日の出とともに鳴き声を上げる鶏に餌をやり、ひよこを育てていた。幼い頃から、家業の手伝いをよくさせられた。販売用のセメント袋が貨車で運ばれてきて軽四輪車で建設現場に配送する途中、袋が破損して粉体のセメントがこぼれ落ちたことがあり、ほこりが舞う中でタオルを口に巻いて新しい袋に入れ替えたこともある。そんな零細事業ながら、父は決算も日々の経理も試算表作成も銀行取引も常に誠実に行っていた。取引金融機関も普段からの仕事ぶりや取引実績等を評価し、応援してくれていたようだ。

　私は大学を卒業して中小企業金融公庫（現 日本政策金融公庫）に入社した。錚々たる中小企業経営者たちは私にとって、憧れの存在であった。融資業務を通じていろいろな経営者に会うたびに、田舎で起業した両親の苦労を思わずにはいられなかった。尊敬するある経営者は父のことを「都会で起業していたら、また違った経営者人生を送られたかもしれな

いね」と言ってくれた。経営に苦労した両親が、私の人生をこの仕事に導いたのだと思う。これまで私を支えてくれた両親と妻と子どもたち、親族に感謝したい。

　お世話になった多くの経営者の方々からの教えを、この本に込めた。若い中小企業経営者の皆様や会社を支援する立場の皆様に読んでいただけたら嬉しいと思う。本書の作成には、大阪シティ信用金庫の元常務の大澤一裕氏にたくさんの助言をいただいた。公庫出身者には経験し得ない世界を知る、骨太の信金マンである氏のアドバイスは本当に役に立った。さらに日本政策金融公庫での先輩である、山口修二氏および加藤知紀氏には事例提供等を含め大変お世話になった。出版に当たり辻尾卓也社長はじめ心斎橋大学の皆様には、私を励まし続けていただいた。藤川ヤヨイ先生には私の拙い文章を監修いただいた。東海バネ工業株式会社の渡辺良機社長には本文中の多くの経営者を代表して、実名で登場していただいた。名前を記して心からお礼を申し上げたい。

[著者紹介]

大野　健司（おおの　けんじ）

税理士・中小企業診断士・社会保険労務士（大野健司税理士事務所　所長　ＴＫＣ近畿兵庫会所属）、㈱経営ソフトリサーチシニアコンサルタント

１９５７年山口県生まれ
熊本大学法文学部（法）卒業後、中小企業金融公庫（現 日本政策金融公庫）入庫。岡山、福岡、大阪支店長および近畿地区統轄等を歴任。公庫退職後は経営者を元気にするための経営計画策定の支援等を行っている。

（参考文献）
・「私は父の事業と心をこう継いだ」（吉武和昭著　中経出版刊）
・「経営改善支援マニュアル」
　（日本政策金融公庫中小企業事業本部企業支援部著　きんざい刊）
・「金融機関職員のための経営改善計画書の読み方」
　（片岡俊博著　きんざい刊）
・「トップが綴る　さあ、前に進もう！」（ＰＨＰ研究所著・刊）

これがほんまもんの経営者
―15の習慣、これで会社は強くなる―

発行日	2017年5月8日	初版発行
	2017年9月1日	第2刷発行
	2020年1月1日	第3刷発行

著 者	大野　健司	
発行人	髙山惠太郎	
発行所	たる出版株式会社	
	〒541-0058　大阪市中央区南久宝寺町4-5-11-1002	
	☎06-6244-1336（代表）	
	〒104-0061　東京都中央区銀座2-14-5 三光ビル	
	☎03-3545-1135（代表）	
	E-mail　contact@taru-pb.jp	
定　価	1,800円＋税	

ISBN978-4-905277-21-7 C0034 ￥1800E
落丁本、乱丁は小社書籍部宛にお送りください。送料小社負担にてお取り替えいたします。